F. M. Reuschle · Im Zeichen der Menschlichkeit

W0188099

Dem Andenken Max Reuschles

FRIEDA MARGARETE REUSCHLE

IM ZEICHEN
DER MENSCHLICHKEIT

ZEHN LEBENSBILDER

URACHHAUS

ISBN 3 87838 107 7

© 1985 Verlag Urachhaus Johannes M. Mayer GmbH, Stuttgart.
3. Auflage.
Umschlaggestaltung Edmund Eberhardt, Stuttgart.
Druck der Offizin Chr. Scheufele, Stuttgart.

INHALT

ZUM GELEIT

Wenn man einen Querschnitt ziehen wollte durch die
vielen Betrachtungen, die ernsthafte Beobachter unserer
Kulturentwicklung seit Jahrzehnten über die wachsenden
Schwierigkeiten unseres sozialen Lebens veröffentlicht
haben, so würde man überall die Symptome einer grund-
legenden Veränderung der menschlichen Seelenverfassung
beschrieben finden, durch die das Zusammenleben, die
„zwischenmenschlichen Beziehungen", empfindlich gestört
werden. In den Ehen, den Familien und auch in den Be-
rufsgemeinschaften verstehen sich die Menschen nicht
mehr wie früher, die meisten fühlen sich in ihrem eigenen Wesen eingeschlossen und warten wie Dornröschen
auf ihren Befreier, der die Hecke durchstößt, da sie selbst
nicht mehr den Weg zum andern finden können, wie es
in einem zeitgenössischen Gedicht beschrieben ist:

> Ich möchte den Weg gehen
> von mir zu dir,
> aber immer verirre ich mich
> vor meine eigene Tür ...   (Erika Burkart) *

---

* Aus der Anthologie „Deutsche Lyrik seit 1945", heraus-
gegeben von Horst Bingel, Deutsche Verlagsanstalt Stuttgart.

In einem bisher nicht gekannten Maße ist der Mensch mit sich selbst beschäftigt, das eigene Ich hat eine neue, übergeordnete Bedeutung gewonnen, so daß für den Nebenmenschen kaum mehr ein Raum bleibt.

Um diese rätselhaften Erscheinungen zu untersuchen, die sich bei vielen Zeitgenossen bis in die psychische, ja leibliche Gesundheit kränkend auswirken, werden Tagungen abgehalten, z. B. über den Begriff „Soziologie der Einsamkeit". In der Wirtschaft der westlichen Länder arbeiten Heere von Psychologen an der Verbesserung der „human relations", da sogar die Produktion unter den Folgen der menschlichen Schwierigkeiten leidet. Ebenso ist die Literatur von dem Thema der Entfremdung beherrscht. Ja, wenn man — wie es der Jugendpfarrer David Wilkerson tat — ein Mitglied der kriminellen Bandenjugend auf den Straßen von New York fragt, welches ihr größtes Problem sei, so erhält man zur Antwort: die Einsamkeit.

Diesen beunruhigenden Zustand, der offensichtlich die gesamte westliche Welt befallen hat, kann man nur deuten, wenn man ihn — im Rahmen der Evolutionslehre von Rudolf Steiner — als ein notwendiges Durchgangsstadium erkennt, das auf dem Wege der Entfaltung des Menschen von einer mehr gruppenhaften Verfassung zur bewußten Einzelpersönlichkeit, zur freien Individualität, durchschritten werden muß. Es ist der schmerzliche Preis, den jeder früher oder später für das hohe Ziel zu bezahlen hat, daß er ein erkennendes und freies Wesen werden darf.

Wer aber dieses Phänomen als das verstanden hat, was es ist: nur eine *Station* auf dem unendlichen Bogen der menschlichen Entwicklung — der wird nicht mehr so sehr auf das Unheil starren, das heute zwischen den Menschen waltet, sondern er wird den Blick schon auf das Kommende, eine zukünftige Bruderschaft der Menschheit, richten, die im Leiden der Gegenwart als Keim verborgen liegt. Und er wird selbst mit der innersten Aktivität seines Herzens versuchen, erste Breschen in die trennenden Wände zu schlagen und dem Ruf der Dichterin folgen, die vorher an der Klagemauer ihres Seelengefängnisses stand:

Laßt uns ein Feuer anzünden,
das die Zäune einäschert, an denen wir
an uns selbst entlang gehen,
Fremdlinge, denen der Traum nur
Einkehr gewährt in die eigene Brust.

Laßt uns ein Feuer anzünden,
das den Stachel schmilzt aus dem Fleische,
das die Höhle währender Wunder erhellt
und anleuchtet das Angesicht jener,
die mit uns wachen im Dunkel,

daß eure Augen sich finden,
daß eure Hände sich finden
und ein Zeichen sei in der Nacht.

Ehe sich aber die Augen und die Hände der Menschen finden, ja ehe sie eine objektive, von Sympathie und Antipathie befreite, allgemeine Menschenliebe erreichen, die wohl nur sehr langsam und allmählich zur Wirklichkeit werden kann, vermögen sie heute schon ein lebendiges *Interesse* am Mitmenschen zu entwickeln. Interesse aber — das nichts mit taktloser Neugierde zu tun hat — versucht den andern als *ganzen* Menschen mit seinem oft so schwierigen Schicksal zu verstehen, so, wie er durch seinen Lebensgang geworden ist. Denn erst wenn wir wissen, welche negativen und schädigenden Einflüsse in der Kindheit und Jugend ihn so geformt haben, wie er heute vor uns erscheint, können wir Kritik und Antipathie ausschalten, die sich so leicht einstellen, wenn wir nur den vordergründigen Zeitgenossen sehen. Lernen wir es aber, uns selbst für eine kurze Zeit ganz zurückzunehmen und uns in einen solchen Menschen so zu versetzen, daß wir sein Schicksal nicht aus der Distanz des Gegenüber, sondern aus ihm selbst heraus empfinden, dann stellt sich etwas ein, was größer ist als der so mißbrauchte Begriff eines billigen „Mitleids", das den andern eher erniedrigen muß. Es entwickelt sich ein tiefes Verständnis seines Wesens, ja vielleicht eine vorübergehende Identität mit ihm, aus der eine selbstverständliche Verantwortung und Hilfe wächst. Auf einer höheren Ebene können wir auch unsere Kräfte mit seiner Entelechie, dem „Geist seines Lebens", vereinigen, damit dieser „neue, lebensvolle Fäden" in sein Schicksalsgewebe einflechten kann, wie Friedrich Rittelmeyer es uns geraten hat. Hier liegen noch ungeahnte Möglichkeiten für die Zukunft, denn

Wundertätig ist die Liebe,
die sich im Gebet enthüllt.

Unter diesem Aspekt einer Ewigkeitsbeziehung wird die augenblickliche irdische Verbindung einen neuen Glanz und eine menschheitliche Größe bekommen, so wie Bettina v. Arnim es empfand, als sie an ihre Freundin Karoline v. Günderrode schrieb: „Was ist Zusammenleben und Austausch der Gedanken, wenn der Dritte nicht niedersteigt, der Göttliche, der herab sich senkt, um das Leben genesen zu machen."

Wer nun im lebendigen Miterleben solcher Entwicklungsnöte Ausschau hält nach bedeutenden Vorbildern, die auf dem Wege einer brüderlichen Menschlichkeit ihrer Zeit beispielhaft vorangingen, der wird in unserem Jahrhundert voll Bewunderung viele geniale Menschen entdecken, die sich, nur aus den reinen Impulsen ihres Herzens, in den Dienst der Leidenden und Unterdrückten stellten. Albert Schweitzer, Florence Nightingale, Mathilda Wrede und viele andere, bekannte und unbekannte, haben ein hohes Ideal aufgestellt und das Dunkel der Zeit erleuchtet. Aber in der Gegenwart geht es nicht allein um die Helfer für den *leiblich* geschädigten Mitmenschen, als deren Urbild für alle Zeiten der „barmherzige Samariter" vor uns steht. Heute ist um sein *geistiges* Wesen ein entscheidender Kampf entbrannt, wie er noch niemals ausgetragen wurde, da anonyme Mächte in mannigfacher Tarnung die Erinnerung an seinen höheren Ursprung in ihm auslöschen und ihn zu einem tierähnlichen Wesen herabdrücken wollen. Auch in diesem Kampf als aktive Wächter unsere Kräfte einzusetzen, dazu sind wir alle aufgerufen.

Die ersten Vorboten dieser Angriffe, die durch die beginnende Industrialisierung und Mechanisierung eingeleitet wurden, erkannte vor über hundert Jahren schon Bettina v. *Arnim*, die sich mit einem Mut ohnegleichen gegen die menschenfeindlichen Tendenzen ihrer Zeit auflehnte — nicht nur gegen die leibliche Verelendung der unteren Schichten, um die sich damals niemand kümmerte, sondern vor allem gegen die Knebelung der geistigen Freiheit. In der Stickluft ihrer finster-reaktionären Umwelt schwang sie die Fackel des freiheitlichen Denkens und einer weiten, umfassenden Religiosität und schreckte ihre engherzigen Standesgenossen aus Hochmut und Selbstgerechtigkeit auf. Sie wird die erste Sozialrevolutionärin genannt.

Viel später erkannte Walther *Rathenau* die fortschreitende Bedrohung des Menschentums. Es war am Beginn unseres Jahrhunderts, als erst wenige es bemerkten, wie der kalte, rechnerische Verstand mit der wachsenden Rationalisierung des Lebens langsam und zielbewußt in breiter Front vorrückte, um das geistige Wesen des Menschen, seine „Seele", zu überwältigen und sie zu ersticken. In höchster Besorgnis versuchte Rathenau seine Zeitgenossen in Schriften und Reden wachzurütteln, die immer das gleiche Ziel hatten: mit ihnen zusammen eine neue, bessere Welt zu erbauen, in der die Seele wieder zu ihrem Recht käme:

Mensch, o Mensch, gedenke deiner Seele!

Beide, Bettina und Rathenau, wurden verhöhnt und ge-
haßt, weil sie den Egoismus der herrschenden Klassen
empfindlich trafen. Rathenau mußte sogar sein Leben
dafür lassen. Zur gleichen Zeit mit ihm und noch später
kämpfte Käthe *Kollwitz*, ebenfalls heftig angefeindet, mit
ihrer monumentalen Kunst gegen die soziale Gleichgültigkeit und gegen die Zerstörung der menschlichen Werte.

Karl *Thylmann*, der Graphiker und Dichter, der mit
28 Jahren Gefallene, mußte in der kurzen Zeit, die ihm
geschenkt war, alle Kräfte auf seine eigene Entwicklung
konzentrieren. Aber in den Schmerzen seiner Menschwer-
dung gelang es ihm, das helfende und heilende Chri-
stuswirken urbildlich darzustellen. Darüber hinaus steht
er in seinem Ringen um die geistige Läuterung vor uns
als ein Bild reiner und hoher Menschlichkeit.

In diese Reihe dürfen wir auch den einfachen, unbe-
kannten Hirten Elséard *Bouffier* einfügen. In der ersten
Hälfte unseres Jahrhunderts gab er ein einzigartiges Beispiel, wie man mit einem stillen, lebenslangen Priester-
dienst an der zerstörten Natur ein Stück der Erde wieder
zu einem würdigen Wohnplatz gesunder und freier Menschen machen kann.

Thomas *Dooley* wählte als reich begabter Arzt statt
einer großen Karriere, die ihm bevorstand, ein Märtyrer-
tum auf verlorenem Posten und gab den geringsten Seiner Brüder und damit Ihm selbst sein Leben hin. David

Wilkerson fühlte sich gerufen, mit gewaltigen Gebetskräften das geschändete Menschenbild aus den Lasterhöhlen amerikanischer Großstädte zu retten und es dem wahren Leben wiederzugeben. Birgitta *Wolf* dringt mit sozialem Verantwortungsgefühl durch kalte Vorurteile und harte Gitter, um der hoffnungslosen „Vierten Kaste" den Mut zu einem neuen Leben zu schenken. Und schließlich setzten Anne *Sullivan* und Karl *König* ihr Leben dafür ein — zu verschiedenen Zeiten und in verschiedener Weise —, um dem mißbildeten Organismus kranker Kinder durch Weisheit, Liebe und Geduld das geistige Urbild abzuringen.

Diese Bilderreihe, die aus individuellem Erleben und schicksalhaften Begegnungen in langen Jahren entstanden ist, kann selbstverständlich durch viele andere Namen ergänzt und erweitert werden. Das, was allen diesen großen Naturen gemeinsam ist — ihre selbstlose Liebe, ihre Genialität im Erkennen und Tun des Notwendigen und ihr weites, menschheitliches Denken — das ist es, was uns in einer Zeit, da das Böse zu triumphieren scheint, neuen Mut zum *Mensch*-Sein gibt. Das Leben dieser modernen „Samariter" zu betrachten und in ihrer Biographie nach dem auslösenden Faktor, dem schöpferischen Einschlag, zu suchen, der sie zu großen Taten befähigte, kann unser Menschheitsgewissen wecken und unsere Impulse befeuern. Zwar können solche Wirkungen, in denen von weither vorbereitetes Schicksal waltet, nur in den seltensten Fällen nachgeahmt werden (wie z. B. Thomas Dooley durch

14

das Vorbild Albert Schweitzers angeregt wurde). Doch wer versucht, sich in solche Biographien intensiv einzuleben, in dem kann durch die moralische Begeisterung ein Keim gelegt werden, der früher oder später einmal aufgehen wird und Früchte tragen, die ganz aus seinem individuellen Schicksalsgesetz aufsteigen. Ob sich daraus weltbewegende Taten ergeben, wie bei den dargestellten Persönlichkeiten, oder ein bescheidener täglicher Dienst am Mitmenschen, ob wir Hilfe für Tausende bewirken, wie Karl König, oder nur für einen einzigen Menschen, wie Anne Sullivan — das wiegt gleich. Entscheidend ist nur, ob wir eine innere Aktivität und Wachsamkeit für das „Menschenbild" entfalten, weil wir von einer Gesinnung durchdrungen sind, wie sie Thomas Dooley einmal mit den Worten aussprach: „Wir spüren, daß ein höheres gemeinsames Leben unserem persönlichen Dasein einen Sinn gibt. Es mahnt uns, unsere eigene kleine Taschenuhr nach der Sonnenuhr der Menschheit zu richten."

BETTINA VON ARNIM

(1785—1859)

„Die Welt umwälzen.
Denn darauf läufts hinaus."

Als Bettina v. Arnim im Jahre 1859 als Vierundsiebzigjährige ihre Augen schloß, mit denen sie die Welt des Sichtbaren in begeistertem Schauen durchforscht, aber auch Unsichtbares in vielerlei Gestalt wahrgenommen hatte, da mag wohl mancher der mächtigen Männer in ihrem Umkreis erleichtert gewesen sein, daß die unablässig rufende Stimme des menschlichen Gewissens verstummt war. Denn seit ihrer Kindheit hatte sie den „beengenden Unsinn" des damaligen Lebens durchschaut und die Vorurteile der herrschenden Schicht als „das bösartigste Gift der Lüge" erkannt. Und mit ihrem ungestümen Willen zu sozialer Gerechtigkeit und geistiger Freiheit, mit dem sie ihrer Zeit weit vorauseilte, hatte sie in Wort und Schrift gegen Egoismus, Konvention und Philistertum gekämpft, die sich überall aufblähten und ihrer Vorstellung von Menschenwürde ins Gesicht schlugen. Wenn ihr aber die unzähligen privaten Initiativen, mit denen sie dem Unrecht zu steuern suchte, nicht genügten, wandte sie sich in dringenden und kühnen Briefen an den König Friedrich Wilhelm IV., dessen romantische Neigungen anfangs noch große Hoffnungen in ihr erweckten. Aus seinen Antworten geht hervor, daß er ihrer Größe keineswegs gewachsen war, meist setzte er sich gekränkt zur Wehr, wenn sie ihn oder seine Minister zu heftig angriff, da er — mit Recht — in Bettina eine „politische Macht" sah. In den beiden letzten Jahrzehnten ihres Lebens schrieb sie sogar als eine Art von Fürstenspiegel zwei Bücher, die sie ihm widmete und mit denen sie ihn zu einem sozialen Herrscher erziehen wollte.* „Mir schwebte eine Fabel vor, wie sich der Volksgeist deutlich bezeichnen lasse gegenüber einer Scheinmacht der Staatskunst, die zwar die Zügel lenkt, aber einen hölzernen Gaul reitet, der nicht vorwärts geht, während die Volksbegeisterung ein Flügelpferd ist, das mit seinem Feuerhuf die Wolken zerstampft, um sich Licht zu verschaffen... Dem Volk Genius sein, es umfassend stärken und erleuchten zur kühnen Tat, das ist des Königs Beruf" — so schrieb sie ihm in ihrem Widmungsbrief. In Ernst und Humor, in phantastischen Erzählungen und erdachten Gesprächen forderte sie von ihm: Freiheit des Geistes und der Religion, eine konstitutionelle Verfassung und eine großzügige Sozialreform. „Es steht in den Sternen geschrieben: das Philistertum der Weltklugheit ist die Mördergrube des Herrschergeistes!" Wegen ihres prophetisch-

---

* „Dies Buch gehört dem König" 1843, „Gespräche mit Dämonen" 1852.

visionären Stils wurden diese „Königsbücher" vom König und von den herrschenden Schichten wohl kaum gelesen und noch weniger verstanden.* Nur die fortschrittlichen Geister in aller Welt erfaßten die umwälzende Bedeutung ihrer kühnen Gedanken, von denen Bettina selber wußte, daß sie erst in der Zukunft gehört werden würden. „Die Zukunft wird einstimmen in den Grundton meines Geistes und der wird ihre Modulationen leiten und stützen, des sei gewiß!"

Schon die junge Bettina hatte einmal in einem Brief an ihren Bruder Clemens geschildert, wie sie im Haus ihrer Großmutter in Offenbach ein Huhn vor dem Abschlachten rettete, indem sie der tauben Köchin den Schemel von hinten wegzog, als sie gerade das Messer ansetzen wollte. Diese kleine, anmutig erzählte Episode nahm sie zum Anlaß, um einen für ihr Leben entscheidenden Entschluß zu fassen. „Abends beim Sternenschimmer, wo ich den Kopf weit aus unserem Mansardfenster streckte, um recht viele Sterne zu Zeugen meines feierlichen Schwures aufzurufen, tat ich das Gelübde, alles dran zu wagen, wenn ich einen Menschen in Gefahr sehe und wenn auch selbst das Messer schon über seinem Haupte schwebt. Ein rascher Entschluß vermag viel, aber Zagen ist das Verderben aller Großtaten!" In dieser Gesinnung bestärkte sie auch ein Gespräch mit Goethe über „die Weisheit des Nathan, und es sei Heldennatur, den

---

* Deshalb griff die Zensur in Preußen auch nicht ein, während die Bücher in Bayern und Österreich verboten wurden.

Unterdrückten zu lieben . . . Ich dachte, das wäre mein Ziel, Beschützer der Unterdrückten, das wollt' ich so gerne sein."

Was sie sich damals zum Ideal ihrer Jugend erkor, wurde später zum feurigen Impuls ihres Handelns. Wo sie Unrecht, Unfreiheit und Elend in ihrem Umkreis entdeckte, griff sie energisch zu, mutig trat sie vor allem für die wegen ihrer demokratischen Gesinnung Verfolgten ein. Und wenn revolutionäre Geister, wie Gottfried Kinkel und andere, zum Tode verurteilt wurden, so ließ sie nicht nach mit eindringlichen Bittgesuchen an den König, bis sie einen Gnadenerlaß bewirkte. Daher war es nicht übertrieben, wenn sie am Ende ihres Lebens feststellte: „Ich bin zum mindesten nicht unfruchtbar für die Menschheit gewesen, denn viele haben ihre Köpfe noch auf dem Rumpf, denen sie gewiß verloren wären, wenn ich nicht mit beinahe übermenschlicher Anstrengung darum gekämpft hätte." Doch beschränkte sie sich nicht auf solchen praktischen Einsatz in einzelnen Fällen, sondern in einem ihrer erdachten Gesprächen faßte sie ihre damals unerhörten Gedanken zusammen über die Todesstrafe und den noch mittelalterlichen Strafvollzug.* Schon 1834 hatte sie ihr tapferes Eintreten für die im Leben Gestrauchelten religiös begründet: „Ein Sünder ist mir ein heiliger Gegenstand, dessen Verhältnis zu Gott mir Schauer erregt, gegen die kleinen Naturen, die da ängstlich den Pfad einer Tugend wandeln, um nicht verdammt zu werden."

---

* „Sokratie der Frau Rat", in „Dies Buch gehört dem König".

Die Altersweisheit und der Mutterwitz der ihr so wesens-verwandten Frau Rat Goethe, die sie in der „Sokratie" mit dem Bürgermeister der Stadt Frankfurt und dem Pfarrer streiten läßt, waren das Medium, durch das sie, wenn auch oft verhüllt in der poetischen Wirrnis ihrer genialen Ausdrucksweise, höchste Erkenntnisse über das Wesen des Menschen, der Religion, der Moral, mit er-frischender Deutlichkeit dem König verkündete. Schon da-mals vertrat sie die Meinung, die sich heute immer mehr durchsetzt, daß im Verbrecher oft „breitere" Anlagen ver-borgen sind, die er in „die enge, verschrobene Kultur nicht einpferchen konnte ... wer weiß, haben wir nur darum Verbrecher, weil sie nicht unter Tugendlarven zu wandeln verstehen, wer weiß, verachten sie deswegen die Religion, weil auch nur Larven die Stellen der echten Götterbilder im Heiligtum eingenommen haben?" Den Ver-tretern einer erstarrten und geistlosen Bürokratie schleu-derte sie — durch den Mund der Frau Rat Goethe — ihre menschheitliche Zukunftsweisheit entgegen. „Sollen Sie dem Verbrecher helfen, so müssen Sie sein zweites Ich, seine bessere und also seine liebendere Hälfte sein ... O verzweifelt nicht am Verbrecher, legt nicht Hand an ihn, ... ich will ihm einen anderen Weg zeigen, einen Weg der Selbstheit, der Seelengröße, der Geistesfreiheit ... und nur der Mut zum Opfer kann den Weg finden ... Sie werden eingestehen, daß vielmehr der Verbrecher Ihnen mit Wärme und Liebe anhängt, sowie Sie ihm den geringsten Anlaß dazu geben ... Daran habt ihr nie gedacht, daß ihr ihm erst eine Unsterblichkeit geben müßt, statt ihm das Leben zu rauben." Da sie das ungeheure Elend der unteren Volksschichten als den Nährboden der meisten Verbrechen erkannt hatte, machte sie den Staat dafür verantwortlich, der solche Zustände duldete: „Der Verbrecher ist des Staates eigenstes Verbrechen!" Deshalb hat der Staat „nichts anders zu tun, als den Verbrecher zu retten und seine Heilung zu bewirken, das ist meine neue Moral". Da sie von einer Weiterentwicklung der Seele nach dem Tode und von der Wiederverkörperung überzeugt war, ließ sie die Frau Rat mit Heftigkeit gegen die Todesstrafe streiten: „Der Mensch *ist* nicht, er *wird* erst, der Mensch ist noch nicht geboren, er keimt erst. Der Mensch ist noch im Mutterleib... Im Denken muß der Geist aufgehen, er ist Lichtkeim der Zukunft. Das irdische Leben wird der Mutterschoß des Geistes. *Das ist Sünde, was dem Geist Eintrag tut"*... und noch einmal prägte sie ihren Gesprächspartnern ein: „Denkt, daß auch dies Erdenleben eine Schwangerschaft ist — daß jenes Urteil, was diese Schwangerschaft in ihrem heiligen Werden vernichtet, fürchterlicher Verrat am Göttlichen ist... Entfalte dich! heißt das Gebot des ewigen Lebens... alles Geschick ist der Entfaltung des Geistes untertan... und wir sollten nicht eigenmächtig dem Verbrecher diese einzige Lebensquelle entziehen!... Darum ist es nie zu spät und immer wichtig bis zum letzten Augenblick, alle Lebensbefähigungen zu bilden als fortwährendes Werden der Zukunft." Immer wieder versuchte sie den verständnislos Lauschenden klar zu machen, daß wir nicht so weit vom Verbrecher entfernt sind, wie die selbstgerechten Philister es sich einbilden: „Was ist der Verbrecher? — Die Sinnenkräfte überwältigen in ihm die sittliche Natur, die von selbst sich dem Geist unterwirft... Sind wir deswegen berechtigt, eine so im Kampf begriffne Natur zum Teufel oder aus dem sinnlichen Reich der Natur zu verbannen? — Stehen denn *wir* im vollkommenen Gleichgewicht? Unsere inneren Regungen ... sind sie so, daß ihre reinen und ungetrübten Empfindungen Zeugnis geben für die Keuschheit oder Unschuld unserer Natur? — oder für das Feuer unseres Geistes oder für die Hingebung unserer Seele? ... Zum Ausrotten habt ihr kein Recht; und eure verfeinerte Kultur, eure philosophischen Begriffe sind die tiefste Lüge, wenn ihr wagt, dem Menschen, dem die ganze Welt gehört, das Dasein auf dieser abzuschneiden. Zur Bildung der Erde sind wir berufen, und der Beruf läßt sich immer realisieren."

Und sie macht konkrete Vorschläge, wie man diese „Verbrechenskranken", deren kraftvollen und oft hochsinnigen Charakter sie aus vielen Verhandlungen kennengelernt hatte, „dem Göttlichen versöhnen", wie man sie mit allen Mitteln der Bildung, der Kunst pflegen müsse, „wie es die Natur euch ins Herz schrieb bei den körperlich Kranken". „Unnütz sind eure Zucht-, Schweig- und Isolierhäuser ... Diesen vom Schicksal Zerschmetterten, der meist von jener Kehrseite des irdischen Glückes herkommt, der wir den Rücken kehren, den nennen wir nicht krank, sondern Ver-

brecher, weil er in seiner unberatnen Leidenschaftlichkeit
unseren Egoismus verletzt; in jenen bittern Heilanstalten
der Moral empfängt ihn die Verzweiflung statt der Kran-
kenpflege ... Wären wir geistig ganz gesund, so ist unmöglich, daß wir nicht auch den Verbrecher heilten ...
Wären die Großen nicht mit dem Wahn behaftet, das Rich-
teramt sei ihnen von Gott vertraut, so würden sie ihre
Sinne anstrengen, einen Weg der Gesundung für die Verbrecher zu finden." Das, was wir heute „künstlerische
Therapie" in der Medizin nennen und was vielleicht in
einer fernen Zukunft einmal einsichtige Menschen als das
einzige Mittel zur Verwandlung krimineller Menschen einsetzen werden, das schlägt Bettine bereits in der Mitte des
19. Jahrhunderts vor: „Musik, allgemeine Weltsprache!
Warum fragt ihr nicht in dieser sein Herz, seinen Geist?
Er würde tiefer antworten, für euch belehrender! Musik!
Trieb, den versunkenen Lebensgeist aus dem Wahnsinn
zu wecken! Bedenkt, Menschen! Es ist ja nur ein Vernei-
nen, das Böse! — fragt ihn doch so, daß er müsse mit Ja
antworten, so habt ihr ihn gerettet."
Die Liebe zum unterdrückten Proletarier, die im vor-
märzlichen Berlin immer leidenschaftlicher in Bettine
wuchs, bekannte sie in ihrem berühmt gewordenen Brief
an den Berliner Magistrat*, der sie beinahe wegen Belei-
digung ins Gefängnis gebracht hätte: „... Ebenso stelle ich
noch höher (als das Berliner Bürgerrecht) die Klasse des

---

* „Der Magistratsprozeß der Bettina v. Arnim", Arion-Verlag,
Weimar 1960.

Proletariats, ohne dessen ihm angeborenen Charakter-
kräfte, des Ausharrens im Elend, im Entsagen . . . wenig
Ersprießliches zum Wohl des Ganzen würde befördert werden . . . Die Gründe also, warum ich den Proletarier am
höchsten stelle, ist, weil er der Gemeinheit enthoben ist,
als Wucherer dem Weltverhältnis etwas abzugewinnen . . .
Offenbar ist daher das Verhältnis des letzteren zur Nation
das edlere, durch seine Hilflosigkeit das Ehrfurchterwek-
kendste."

So war sie auch die erste, die lange vor Gerhart Hauptmann auf das Elend der schlesischen Weber öffentlich hin-
wies. Und mit einem jungen Schweizer zusammen besich-
tigte sie mutig die berüchtigte Armenkolonie vor den To-
ren Berlins, das „Vogtland", wo in 400 Zimmern 2500
hungernde Menschen, unter ihnen entlassene Zuchthäusler,
zusammengepfercht waren, die sich gegenseitig ihre Kleider entlehnen mußten, wenn einer von ihnen auf die
Straße ging. Dem grauenhaften Bericht, den Bettine als
Anhang ihrem Königsbuch beigab und der nachher von den
Ministern als Lüge bezeichnet wurde, setzte sie die Worte
voran:

Vogtländer, bejammre nicht dein eignes Geschick.
Beklage nur die, die kein Mitleid fühlen mit dir.

So war es vielleicht ihre unermüdlich aufrufende, an-
klagende Stimme der Menschlichkeit, die dem Volk den
Mut gab, nicht immer weiter stumm und dumpf zu dul-
den. Denn der damalige Innenminister v. Arnim, ein ent-

fernter Verwandter von Bettinas früh verstorbenem Lebensgefährten, sprach es aus, daß sie die Schuld an dem Aufstand von 1848 trug.

Als in Berlin die Cholera wütete und täglich Hunderte von Menschen weggerafft wurden, viele aber vor der Gefahr flohen, organisierte Bettine umfangreiche Hilfsaktionen aller Art; und sie verteilte an die Handwerkergilden, die täglich schon vor Sonnenaufgang ihre Tür belagerten, vorbeugende homöopathische Arznei (Belladonna), die so erstaunlich wirkte, daß nach der Schreckenszeit eine Abordnung der Retterin Dank sagte. Ohne Furcht pflegte sie die Cholerakranken, half den Sterbenden und hielt Totenfeiern ab. In dieser Zeit schrieb sie an einen Freund: „Ich fragte mich, bin ich müde? – Wie sollte ich müde sein! Laß den Leib liegen und setz dich mit dem Geist drauf." Selbst Varnhagen, der ihr nicht immer wohl gesinnt war, mußte zugestehen: „Ich las in diesen Tagen viele Zeugnisse von Bettinens vielfacher, eifriger und segensvoller Wirksamkeit; was sie alles vollbracht, ist zum Erstaunen."

Aber am glühendsten sprach ihr Herz doch immer da, wo sie die Freiheit bedroht sah. Ob es einzelne Menschen waren oder ganze Völker, wie die Polen und die Ungarn, die sich gegen politische Tyrannei zur Wehr setzten – immer kämpfte sie mit der gleichen Unbedingtheit, mit ihrem weitreichenden Einfluß für die Unterdrückten. Und wiederum war es Varnhagen, der schrieb: „Sie ist in dieser Zeit der eigentliche Held, die einzige wahrhaft freie und starke Stimme." Schon als junges Mädchen hatte sie den heldenhaften Untergang der Tiroler von München aus miterlebt. Jeden Tag ging sie damals auf einen Turm, um mit dem Fernrohr sehnsüchtig nach den Bergen zu spähen, „wo der Teufel ein Lamm würgt". „Nichts hab ich in Kopf und Herz, als nur immer das mächtige Schicksal, das dort in den Gebirgen rast", schrieb sie an Goethe. Und wer nicht mit ihr für die Helden zitterte, den nannte sie „furchtbar krank an Neutralität". Mit einem flammenden Brief an den bayerischen Kronprinzen erreichte sie damals sein Versprechen, er werde die gefangenen Tiroler mit Milde und Schonung behandeln. „Ich fragte ihn, ob der Name ‚Herzog von Tirol' nicht herrlicher klinge als die Namen der vier Könige, die ihre Macht vereint haben, um diese Helden zu würgen." Regelmäßig berichtete sie Goethe über den Stand der Kämpfe und bat ihn: „Ach, vereine dich doch mit mir, ihrer zu gedenken, die da hinstürzen ohne Namen! ... Ja, gedenke ihrer; es ist des Dichters Ruhm, daß er den Helden die Unsterblichkeit sichere!"

Der „Dichter", der die Helden verherrlicht, bedeutete für Bettina seit ihrer Kindheit die höchste Stufe des Menschen. Daher gehörte auch ihre große Lebensliebe — nächst ihrem Gatten Achim v. Arnim und ihrer Freundin Karoline v. Günderrode — dem höchsten Dichter ihres Zeitalters: Goethe. Und es ist bezeichnend für ihr ritterliches Wesen, daß diese Liebe sich in einem Augenblick entzündete, als sie einmal in einer Gesellschaft Zeuge war, wie man über ihn herfiel und seine Person mit boshaftem Klatsch übergoß. Obwohl das Kind damals noch gar nicht wußte, wer dieses „Scheusal" Goethe eigentlich war, entstand in ihm sofort das instinktive Bedürfnis, für den einzustehen, der so geschmäht wurde, ohne sich wehren zu können. Aus dieser Verteidigungsstellung entfaltete sich ihre einzigartige Beziehung zu Goethe, der sie in dem Buch „Goethes Briefwechsel mit einem Kind" später ein herrliches Denkmal setzte.

Noch ein anderer Dichter war es, dessen tragisches Schicksal ihr tiefes Verständnis und Mitgefühl erweckte: Hölderlin. In den Jahren vor und nach der Jahrhundertwende wohnte er zweimal in Homburg nahe bei Frankfurt, wo sein Freund Sinclair wie ein Bruder für den seelisch schon schwer erkrankten Dichter sorgte. Wenn Sinclair nach Frankfurt kam, erzählte er der jungen Bettina von Hölderlins traurigem Zustand, und sie wäre am liebsten gleich nach Homburg geeilt, um ihn zu pflegen, wenn der strenge Familienrat es ihr nicht verwehrt hätte. Aber aus ihrem Alterswerk „Die Günderrode", in dem sie ihren Briefwechsel mit der romantischen Dichterin verarbeitete, erfahren wir, wie tief sie dieses Schicksal mit erlitten hat. Ihre leidenschaftliche Seele schwang sich, durch Sinclairs Schilderungen erregt, ganz hinüber in das, was damals in Hölderlin vorging. Ihre Bewunderung für sein Genie, das durch den Wahnsinn hindurchstrahlte, und ihr Mitfühlen dessen, was er litt, machte sie hellsehend für Hölderlins wahre Bedeutung, die damals nur wenige erkannten, und riß sie zu gewaltigen Empfindungen hin, die in ihr eine Ahnung entzündeten von den Zu-

kunftsmöglichkeiten des Menschen, wenn der heilige
Geist in ihm den „Geist der Heilung" entbunden haben
wird: „Es gibt Weh, darüber muß man verstummen; die
Seele möchte sich mit begraben, um es nicht mehr empfinden zu müssen, daß solcher Jammer sich über einem
Haupte sammeln könne, und wie konnte es auch? . . . und
da ist die Antwort: weil keine heilende Liebe mehr da
ist, die Erlösung könnte gewähren. Oh, werden wir's endlich inne werden, daß alle Jammergeschicke unser eigenes
Geschick sind? Daß alle von der Liebe geheilt müssen
werden, um uns selber zu heilen. Aber wir sind uns der
eignen Krankheit nicht mehr bewußt, nicht der erstarrten
Sinne, . . . nein, wir können nicht heilen, wir lassen den
Geist der Heilung nicht in uns entbinden, und das ist
unser Wahnsinn . . . Und St. Clair sagt: ihm zuhören, sei
grade, als wenn man es dem Tosen des Windes vergleiche;
denn er brause immer in Hymnen dahin, die abbrechen,
wie wenn der Wind sich dreht — und dann ergreife ihn
wie ein tieferes Wissen, wobei einem die Idee, daß er
wahnsinnig sei, ganz verschwinde, und daß sich anhöre,
was er über die Verse und über die Sprache sage, wie
wenn er nah daran sei, das göttliche Geheimnis der
Sprache zu erleuchten . . . und die Sprache bilde alles Denken; denn sie sei größer als der Menschengeist." Und so
rief sie ihrer Dichterfreundin zu: „Dir muß dies alles heilig und wichtig sein. Ach, einem solchen wie Hölderlin,
der im labyrinthischen Suchen leidenschaftlich hingerissen
ist, dem müssen wir irgendwie begegnen, wenn auch wir

das Göttliche verfolgen mit so reinem Heroismus wie er. — Mir sind seine Sprüche wie Orakelsprüche, die er als Priester des Gottes im Wahnsinn ausruft, und gewiß ist alles Weltleben ihm gegenüber wahnsinnig; denn es begreift ihn nicht ... Wahnsinn, merk ich, nennt man das, was keinen Widerhall hat im Geist des andern, aber in mir hat dies alles Widerhall, und ich fühle in noch tieferen Tiefen des Geistes Antwort hallen als bloß im Begriff. Ist's doch in meiner Seele wie im Donnergebirg', ein Widerhall weckt den andern, und so wird dies Gesagte vom Wahnsinnigen ewig mir in der Seele widerhallen." Immer höher wird ihre ebenbürtige Seele hinaufgetragen in die „Hallen des Lichts", in denen Hölderlins wahres Wesen lebte: „Ach, ich weiß nicht zu fassen, wie man dies Höchste nicht heilig scheuen sollte, dies Gewaltige, und wenn auch kein Echo in unsern Begriff es übertrage, doch wissen wir, daß der entfesselte Geist über Leiden, die so mit Götterhand ihm auferlegt waren, im Triumph in die Hallen des Lichts sich schwinge ... Streue die Saat der Tränen auf sein Andenken, vielleicht daß aus diesen die Unsterblichkeit einst ihm aufs neue erblüht!"

Viele Jahre ihres Lebens hat sich Bettine mit Inbrunst zum Anwalt der beiden Brüder Grimm gemacht, der liebsten Freunde ihres verstorbenen Mannes Achim v. Arnim, die wegen ihres mutigen Protestes gegen die Aufhebung der hannoverschen Verfassung mit einigen andern Gesinnungsgenossen der Göttinger Universität fristlos entlassen und des Landes verwiesen worden waren — „die Angelegenheit, auf die ich bis jetzt die meisten Seelen- und Geisteskräfte wendete ... um die ich keine Gefahr scheue und die mich ganz in sich begreift". In dieser ihr heiligen Mission reiste sie hin und her, sie machte sich überall mißliebig und verfeindete sich sogar mit ihrem Schwager, dem mächtigen Minister v. Savigny, und auch die Brüder Grimm selbst seufzten manchmal unter ihrer Intensität. Doch nach jahrelangen Verhandlungen erreichte sie, daß den Brüdern, die schließlich in großer Not waren, eine ehrenvolle Lehrtätigkeit an der Berliner Universität angeboten wurde. Der triumphale Empfang, den die großen Gelehrten dort durch die begeisterten Studenten erfuhren, war für Bettine die schönste Genugtuung nach den Jahren des Bangens und Sorgens. Kaum je hatten ihre Worte einen so innigen Klang, als wenn sie über die schwergeprüften Freunde schrieb: „Ach, die lieben Grimm, diese einzigen Menschen voll reiner Milde, verraten und verkauft von allen; diese Leute, die eine jede andere Nation für ihr höchstes Kleinod würde erkennen, die ihr Jahrhundert krönen durch ihren Moralsinn, wie durch ihre tiefe Erleuchtung in gelehrten Dingen ... jetzt sagt man, ja, diese guten Grimms sind verführt, sie meinens nicht böse ... Gelehrte geht das politische Treiben der Welt nichts an ... man muß ihrer nicht erwähnen, um ihnen nicht zu schaden pp. Unterdessen hat Gott diese Männer auf die Höhe geführt, wo sein Licht klar leuchtet, und von oben herab haben sie einen Augenblick ... auf diese Menschen geschaut, wie sie sich im Morast der Lüge wälzen ... und darüber getrauert, aber auf ihrer sonnigen Höhe sind sie eins mit allem, was lebt und haben Frieden in ihrer Brust ... Den irdisch Verkümmerten, denen wollen wir helfen, aber jene, die geistig sich der Wahrheit opfern wie die Grimm, denen wollen wir die Knie umfassen, daß ihr Segen über uns komme."

Ein wichtiges Kapitel in Bettines Leben bildet ihr Verhältnis zu den unterdrückten Juden, deren Elend im Frankfurter Judenviertel sie aus eigener Anschauung schon als Kind kennengelernt hatte. „Da wird das Herz mir ganz schwer, ich muß mich verachten, daß mir nichts fehlt am Lebensgenuß, da fühl ich mich beschämt durch die Judenkinder ... dann kränkt mich aller Lebensglanz wie Spott ... dann schwör ich der vornehmen Welt ab, die so viel Not hat, ihre Ahnen zu zählen, bloß um das Volk verachten zu können." Eine junge jüdische Stickerin, Veilchen, hatte sie sich zur Freundin erwählt. Sie entwarf ihr die schönsten Stickmuster, fädelte ihr die Nadeln ein, und dazwischen las sie ihr aus Goethes Gedichten vor. Aber als sie, die Tochter aus vornehmer Familie, beim Kehren der Treppe vor Veilchens Haus angetroffen wurde, gab es daheim ein Strafgericht. „Und ich wollte ein kleines unschuldiges Fädchen spinnen ins Gewebe der Welt — nein, ich solls abreißen, weil sichs nicht schickt. Ach, wo soll ich ... meinen Faden anknüpfen, wenn das Einfachste gegen den Anstand ist! Wer hat diese Lügen gemacht? ... Ihr verbietet mir, mit einem armen Judenmädchen Umgang zu haben; und ich will Umgang haben mit allem, was zugleich mit mir auf dieser Welt lebt. Wer bin ich denn, daß ich mich herablasse, wenn ich mich zu einem guten Geschöpf vertraulich wende? ... Ich glaub' vielmehr, daß ich zu ihr hinansteige statt herab!"

Noch bedeutungsvoller für Bettines geistige Entwicklung war ihre Freundschaft mit dem Juden Ephraim in Marburg, der mit alten Kleidern handelte, um seine 17 Enkel zu ernähren, der aber in Wahrheit ein großer Mathematiker und ein noch größerer Weiser war. Bei ihm nahm die junge Bettine ohne Rücksicht auf den Spott der sie umgebenden Familie Savigny Unterricht in Mathematik, um mit ihm die tiefsten Weisheiten austauschen zu können. „Zu den andern darf ich nicht von ihm sprechen", schreibt sie an ihre Freundin Günderrode, „denn sonst würde meine Andacht für Verrücktheit ausgelegt werden; aber die Patriarchenwürde strahlt mich an aus ihm, und ich spreche der ganzen Welt Hohn, daß solche einfache, große und heilige Charaktere nicht Platz finden unter ihren Lappalien, und überhaupt gehe ich nach Vornehmheit, und diese hat der Mann... O pfui, wer seinen Umgang wollte richten nach dem äußeren Rang, von Vorurteilen sich wollte Fesseln anlegen lassen und mit denen prangen. Der einzige Stolz, den ich habe, der ist frei sein von ihnen — und wer auf andren Wegen seinen Vorteil sucht, der ist nicht mein Geselle. Aber der Jude, der ist frei von allem!" Noch im hohen Alter sprach sie mit höchster Ehrfurcht vom „Ephraim",

Bettina von Arnim

von dem sie Entscheidendes für ihr Leben empfangen hatte.

Auch grundsätzlich hat sich Bettine immer wieder mit dem Judenproblem beschäftigt. Ihre leidenschaftliche Stellungnahme gegen den tief eingewurzelten Antisemitismus ihrer Zeit legte sie in einer großen Abhandlung dem König vor, wiederum in der Form eines erdachten Gesprächs * zwischen der jungen Bettine und ihrem väterlichen Freund, dem Fürstprimas v. Dalberg, mit dem sie in Frankfurt viele scherzhaft-ernste Unterhaltungen geführt hatte. Hier, wie auch bei vielen anderen Gelegenheiten, wandte sie sich mit aller Schärfe gegen die Unchristlichkeit der Christen und der damaligen Kirche: „Der Christ... klagt über Hitze und Kälte... über alle Lebensunbequemlichkeiten — und die Geisteszermalmungen, die alle moralische Kraft zerstörenden Bedrückungen, unter denen der Jude seufzt, die rühren ihn nicht!... Der Jude kennt die Christen und fühlt, was sie ihm antun, sie aber kennen nicht den Juden und nicht sich selber, und ihrer Religion Versöhnungsmilde ist ihnen verlorengegangen... Die gesamte Christenheit drängt die Juden in die Hölle... dieser Hohn gegen den älteren Menschenstamm, der ist der Aussatz der Christen... Alle Heiligung der Kirche ist Lüge, solange sie Verfolgung übt... Wir, die Jünger des Gottmenschen, dessen Joch süß ist, wollen uns dem süßen Joch der Menschlichkeit nicht unterwerfen — aber die Juden im Lande der Verbannung,

---

* „Die Klosterbeere. Zum Andenken an die Frankfurter Judengasse". In: „Gespräche mit Dämonen".

der Entsagung... und Verkanntheit bleiben unerschüttert treu ihrem harten Gesetz! Was ist da zu verachten am Juden? ... Die christliche Kirche ist die Herberge, die Christus im Schilde führt, aber nicht von ihm bewohnt wird."

Aber nicht nur wirkte Bettine in die Weite, in das Umfassend-Menschheitliche — sie konnte auch wie ein Seelsorger sich einem einzelnen Menschen hingeben, der ihres seelischen Beistands bedurfte. Das bewies sie vor allem in ihrer Jugendfreundschaft mit der edlen, priesterlichen Dichterin Karoline v. Günderrode, die, schon früh von Schwermut gequält, sich den Tod wünschte: „Recht viel lernen, recht viel fassen mit dem Geist und dann früh sterben" — das war ihr Ideal. Eine unglückliche Liebe nahm sie dann zum Anlaß, um sich ihre romantische Todessehnsucht zu erfüllen. Aber jahrelang versuchte die von Leben glühende Bettine, mit allen Kräften ihrer stürmischen Seele die geliebte Freundin der Erde zurückzugewinnen: „Das denke, wenn es zu hart Dich bedroht... denk, daß Begeisterung immer das höchste Erdenschicksal ist und daß die aus dem Schmerz sich erzeuge wie aus der Freude. Und mag's kommen, wie's will, so sollen zu Helden wir uns bilden, mit der Freude wie mit dem Schmerz unsere Freiheit erkaufen... Werden wir denn die Scham ertragen, die uns vielleicht in einem andern Leben befallen wird, wenn wir sehen, welche Kleinlichkeiten uns Mutlosigkeit einflößten?" Und nochmals ruft sie ihr zu: „Ein Held sein und sich vor nichts fürchten, da kommt der Geist geströmt und macht Dich zum Weltmeer." Im Winter 1805/06, den Bettine bei ihrer mit dem Rechtsgelehrten v. Savigny verheirateten Schwester Gunda in Marburg verbrachte, kletterte sie jede Nacht, wenn alles schlief, in eisiger Kälte unter Lebensgefahr auf einen verfallenen Turm, um sich in der Angst um die ihr entgleitende Freundin an die Sterne zu wenden: „Ich hab Dich da oben in der freien Natur allen guten Mächten hingegeben ... und ich setzt' mich auf die Mauer und lauscht' in die Stille und da schreib ich Dir so hin, was mir so im Geist ist aufgegangen: ,Alles von sich selbst verlangen ist der nächste und unmittelbarste Umgang mit Gott. Alles aus freier Anstrengung zu erwerben ist die erste Bedingung einer göttlichen Natur' ... Günderrode, drum sei ja mutig zu allem. Das haben mir die Sterne für Dich gesagt, als ich sie fragte um die tiefsten Lebensgeheimnisse in Deiner Brust, sie wollen, Du sollst Deinen Schild tragen kühn und frei über die Lebensgipfel weg ..."

Unermüdlich rief sie trotz vieler Enttäuschungen, trotz Haß und Hohn, die sie umgaben, den König und mit ihm die Jugend ihrer Zeit zu „unsterblichen Handlungen" auf: „Das Unverhoffte, das Gefahrvolle, das Tollkühnste selbst kannst du wagen, das Mittelmäßige allein macht rettungslos elend. Göttlich frei ... nie Rettung denkend, nur Großseinwollen im Gefühl des Handelns — da fliehet Gefahr!" So trägt auch ihr lebenslanges Samaritertum den Stempel eines heldischen Ich, das aus der Freiheit handelt, wie sie es in einem der Briefe an den König ausdrückte, als sie leidenschaftlich für Kinkels Leben kämpfte: „Ich will dem Samariter gleichen (im Gegensatz zum Pharisäer). Ich will nichts anderes von Gott, als daß mein Herz nicht zu Stein werde in meiner Brust, wenn er mich zum Werkzeug ausersieht seiner unmittelbaren Barmherzigkeit! Und daß die eigne Energie mir nicht fehle, selbständig zu wirken und zu handeln, wie es einem göttlichen Anregen entspricht ... Wo Elend, Schmach und Verzweiflung sich mir entgegendrängen, da will ichs als höchste Gnade von Gott annehmen, diese lindern zu können. Und will kein menschlich Urteil oder Gesetz mich darin beschränken lassen und immer weiterdringen in dieser großen göttlichen Eigenschaft der Barmherzigkeit, der Gnade, die unsterblich macht!"

Die innere Sicherheit, die sie zu einer so mitreißenden Sprache und den daraus folgenden Taten befähigte, hat ihren Ursprung in einer realen Verbindung zu den geistigen Wesen, die den Menschen umgeben — „ein rein Verhältnis zwischen Gottheit und Menschheit" — die sie oft genug aus einer alten Hellsichtigkeit erlebt und geschildert hat. Heute ist es „an der Zeit", diese alten Fähigkeiten für unsere Zeit neu zu erwecken, so daß auf der Stufe eines erkennenden Bewußtseins ihr Wort neu gelten kann:

„Ich glaub', es gibt vielleicht Augenblicke im Leben, wo ein rein Verhältnis zwischen Gottheit und Menschheit ist, so daß die Menschennatur sich dazu eignet, das zu übernehmen, was die Menschen Botschaft Gottes nennen, also das Amt der Engel verrichten."

WALTHER RATHENAU

(1867—1922)

*„Die Welt bedarf eines Menschenreiches
als Abbild des Gottesreichs."*

Wenn wir uns heute in eine Biographie der Jahrhundertwende vertiefen, die zwischen den begrenzenden Da-
ten des 29. September 1867 und des 24. Juni 1922 ver-
läuft, so werden wir von einem solchen, zugleich von
Michael und Johannes dem Täufer gezeichneten Leben
überragende Taten und Ereignisse erwarten. Stirbt aber
der Träger dieser Biographie am Johannestag, dem Fest
des „Rufers in der Einsamkeit", von Mörderhand, dann
stehen wir betroffen vor der ernsten Symbolsprache eines
Schicksals, dessen Runen sich bei näherer Betrachtung zu
dem Eindruck verdichten, daß sich hier — bis in die Gedanken und Worte — etwas wie ein spätes Nachbild des
gewaltigen Täuferlebens in unsere michaelische Epoche
hineingespiegelt hat. Denn auch Rathenau war seinem
Volk ein unbequemer „Rufer", unablässig mahnte er seine
Zeitgenossen dazu, ihren Sinn zu ändern oder — dem
heutigen Bewußtsein entsprechend — ihr „Denken zu verwandeln". Und in lebenslanger, opferbereiter Hingabe

verkündete er, unbeirrt von Haß und Spott, das Kommen eines „Menschenreiches als Abbild des Gottesreiches".

Walther Rathenau war als der Sohn des Begründers der Allgemeinen Elektrizitätsgesellschaft im Berlin der Gründerjahre aufgewachsen. Da der Vater, Emil Rathenau, sich fanatisch an sein Werk hingab, zwang er seine Familie, sich ebenfalls dem großen Ziel unterzuordnen und in spartanisch-strenger Einfachheit zu leben. Daß dieser Gelddruck schon in dem Kind den Keim zu den umstürzenden Ideen seiner späteren Zeit legte, zeigt der Geburtstagsglückwunsch des Dreizehnjährigen an seine Mutter, in dem er einen Geldsack aufzeichnete und darunter schrieb:

Stirb, Ungeheuer!
Du aller Sorgen,
Du alles Kummers
Drückende Last!

Trotz dieser tief veranlagten Abneigung gegen das Geld-Denken wurde Walther Rathenau — nach seinem Physikstudium und nach sieben bitteren und einsamen Jahren des Lernens in der Provinz, in denen er auch die Fundamente zu seiner umfassenden Allgemein-Bildung legte — in den Umkreis seines Vaters gezogen, der als genialer Organisator und als treibende Kraft im Mittelpunkt der schnell sich ausbreitenden Industrialisierung und Mechanisierung des sozialen Lebens wirkte. Dank

seiner ebenfalls hervorragenden technischen und wirtschaftlichen Begabung und dank seines „riesenhaften"
Verstandes, der „wie eine Naturkraft in ihm wirkte",
stand Walther Rathenau bald an einflußreichen Stellen
des Industrie- und Finanzwesens. Seine Zugehörigkeit zu
vielen in- und ausländischen Unternehmungen — zuletzt
waren es annähernd hundert — vermittelte ihm einen
weiten Überblick über die Verflechtungen der euro-
päischen Wirtschaft und Politik, die er damals, wie vielleicht kein anderer, in allen Einzelheiten zu überschauen
vermochte. Dazu kamen zahllose freundschaftliche Beziehungen zu bedeutenden Persönlichkeiten des literarischen,
künstlerischen und wissenschaftlichen Lebens, die er sich
durch seine ausgebreiteten Interessen auf allen Gebieten
geschaffen hatte. So stand er in gewissem Sinn auf der
Höhe seiner Epoche und faßte in seiner Person die Summe
der damaligen natur- und geisteswissenschaftlichen Erkenntnisse zusammen, die er mit seinem menschheitlichen
Denken kritisch und produktiv durchdrang. Aber durch
die undurchdringlich scheinenden Barrieren seines praktischen Verstandes rang sich immer deutlicher erkennbar
in ihm ein schöpferisches Denken durch, das sich schon
1898 prophetisch ankündigte, als er, der selbst Natur-
wissenschaftler war, gegen Dubois-Reymonds richter-
liches „Ignorabimus" einen flammenden michaelischen
Protest erhob, in dem es hieß: „Was wir wollen, ist: hin-
ausgelangen über das ewige Gestern und Heute der Welt
des Handgreiflichen, und unser Weg: die Deutung und

Erfüllung unseres Ich". Der Aufsatz schließt mit den monumentalen Sätzen: „Wir glauben nicht an die ewigen Schranken, die die angeblich einzig wahrhaftige Naturerkenntnis umschließen. Ja, es gibt jenseits der Naturerkenntnis eine Erkenntnis, die freier und reicher ... ist. Darum löschen wir von den alten Tafeln das starre Gebot Ignorabimus und schreiben mit entschlossener Hand an die Tore der Zukunft: Creabimus."

Die unter Rathenaus intellektuellem Wesen schlummernde tiefere Schicht, die sich damit bereits meldete, sollte aber erst durch ein besonderes Ereignis zum bewußten Leben erweckt werden, als er auf einer Griechenlandreise (1906) die Mysterienstätten von Delphi und Eleusis besuchte. Aus den Eintragungen in seinem Reisetagebuch, dem „Breviarium mysticum", geht hervor, daß ihm dort ein reales Erlebnis zuteil wurde, das seinem Leben und Denken fortan eine andere Richtung gab: die Geburt seiner Seele. In zehn Thesen sagte er hier von der Seele, daß jeder sie erringen kann, der „bonae voluntatis" ist. Sie ist das „Spiegelbild Gottes", und ihre Kräfte sind dreifacher Natur: „Phantasie, Liebe und Ehrfurcht." Schon damals berührte er seine eigensten Probleme, indem er den Trennungsstrich zwischen Seele und Verstand zog: „Die Seele ist zweckfrei, der Verstand zweckhaft". Später * hat er den Begriff der Seele, den er von nun an zum Ausgangspunkt seiner Schriften machte, als den „Komplex der höchsten Geisteskräfte" definiert.

---

* „Mechanik des Geistes".

Die Seele „schafft ein zweites Ich, den Urgrund eines höheren Bewußtseins". Diese Seele wird nur aus Liebe geboren. „Es ist die Liebe des Franziskus, die alle Kreatur mitsamt den Gestirnen umspannt, die in die Sphären tönt und die Gottheit herabzwingt." In immer neuen Formulierungen legte er Zeugnis ab von seiner innersten Gewißheit, die keines Beweises mehr bedurfte, daß mit der Geburt der Seele „eine neue Qualität des Geistes beginnt, die ein Leben über dem Leben erschließt". Das Kriterium, nach dem er fortan die Menschen beurteilte, fragt nicht mehr so sehr, ob sie gut oder böse sind, sondern: ob sie die Geburt ihrer Seele schon vollzogen haben oder nicht.

Diese innere Verwandlung, die wir heute vielleicht als die „Geburt des höheren Ich" bezeichnen würden, war von umwälzender Bedeutung für Rathenau, führte ihn aber zugleich in die heftigsten Konflikte, weil er nun erst sich seiner „zweifältigen" Natur voll bewußt wurde, in der zwei Menschen unvereinbar nebeneinander bestanden, von denen jeder sein volles Recht verlangte. Es war sein hoher praktischer Intellekt mit dem natürlichen Ehrgeiz, in die verworrenen Weltverhältnisse gestaltend und ordnend einzugreifen; und auf der anderen Seite der Hang zu einsamer mystischer Versenkung, der seit dem Erlebnis in Griechenland immer stärker in ihm wurde. Es war ja in ihm, einem späten Nachfahren des berühmten jüdischen Mystikers Rabbi Nachmann, damals ein verborgener mystischer Strom durchgebrochen. Sein her-

vorragender Biograph *, Graf Kessler, schreibt zu dem
Problem dieser widerspruchsvollen Veranlagung: „Während er den einen Weg zur Macht, den der Klugheit und
Geschäftigkeit, verachtete, ihn aber weiterging, konnte
er den anderen, höher hinaufführenden, den Weg der
Seele, den Tolstois, Gandhis, den Weg der großen Mystiker, nicht zu Ende schreiten." Rathenau litt unter dieser
schmerzlichen Spaltung, die nach seinen eigenen Worten
„zu Spannungen führt, die Menschen nur sehr schwer
auf die Dauer ertragen". Aber er war sich auch der Notwendigkeit der Entwicklung bewußt: „Auch dieser Intellekt, den wir verachten, mußte errungen werden; heute
ringen wir um unsere Seele." Und mit aller Kraft suchte
er die Gefahren dieses kalten Verstandes in sich zu überwinden, die er „als Neigung von Sklavenseelen" in sich
entdeckte: „Freude an der Neuigkeit, Kritiklust, Skepti-
zismus, Schadenfreude, Sucht zu glänzen, Geschwätzig-
keit" u. a. Dem setzte er die „neuen Wertmaßstäbe" entgegen, die er für sich zu erringen suchte: „Blick fürs
Wesentliche, Bewunderung, Vertrauen, Wohlwollen,
Phantasie, Selbstbewußtsein, Einfachheit, Sinnenfreude,
Transzendenz." Das Ausmaß dieses Kampfes erkennen
wir aus seinen Worten: „Ob ich den Machtmotor in mir
gestillt habe? Ich fürchte nein. Aber ich weiß, daß ich ihn
bekämpfe."

Diese Tragik seiner Doppelnatur war aber nicht die

---

* Harry Graf Kessler: „Walther Rathenau", Rheinische Verlagsanstalt Wiesbaden.

einzige in Rathenaus Leben. Die andere, tief menschliche Tragik war für ihn sein Judentum, das ihn, den begeisterten Deutschen und Preußen, in seinem Vaterland zu einem Bürger zweiter Klasse stempelte. „Mein Volk sind die Deutschen, niemand sonst! ... Ich habe und kenne kein anderes Blut als das deutsche ... Meine Aufgabe ist keine jüdische. Ich fühle mich deutsch und werde mich nie von meinem deutschen Volke trennen." Mit flammenden Worten rief er seine jüdischen Zeitgenossen dazu auf, sich bewußt zur Anpassung an das germanische Deutschtum zu erziehen, zu dem er sich so leidenschaftlich hingezogen fühlte. Daß in dieser liebenden Zugehörigkeit keine Berechnung enthalten war, wie man ihm vorwarf, zeigt die Tatsache, daß er sich durch keinen äußeren Vorteil dazu verleiten ließ, zur evangelischen Kirche überzutreten. Denn er empfand eine staatlich verankerte Kirche als absurd: „Wenn es ein Reich der intelligiblen Freiheit gibt, und wenn wir dieses das Reich der Seelen und das Reich Gottes nennen dürfen, so soll auch sein irdisches Abbild, das Reich des Glaubens, ein freies Reich sein."

Wenn er sich auch dem wunderbaren Reichtum des Chassidismus tief verbunden fühlte, so stand er doch ganz auf dem Boden der Evangelien, zu denen er sich frei bekannte. Das Wort Matth. 16, 26 „Was hülfe es dem Menschen, wenn er die ganze Welt gewönne und nähme doch Schaden an seiner Seele?" und dazu das 13. Kapitel des ersten Korintherbriefes waren zu seiner Lebensbasis geworden. Und was bedeutet es, wenn ein so politischer

43

Geist wie Rathenau nach der Revolution von 1918 den Satz aussprach: „Es gibt überhaupt nur eine Art von Revolution: die von Damaskus."

Vergeblich hatte er versucht, mit seiner hohen Vernunft die Folgen der leichtsinnigen und dilettantischen kaiserlichen Politik zu verhüten und die in den Abgrund des Krieges rasende Fahrt aufzuhalten. Mit Verzweiflung sah er das Kommende voraus. Schon bald nach Kriegsausbruch zeigte es sich, daß trotz ungeheurer Rüstungen nicht die geringste *wirtschaftliche* Vorbereitung für den Fall einer Blockade getroffen worden war, so daß der Mangel an Rohstoffen den baldigen Zusammenbruch herbeiführen mußte. Zwar fühlte Rathenau mit Beschämung, daß dem Volk die notwendigen ethischen Kräfte in diesem Krieg nicht zur Verfügung standen: „Wir müssen siegen, wir müssen! und haben doch keinen reinen, ewigen Anspruch!... Hätte ich doch nie hinter die Kulissen dieser Bühne gesehen!" Trotzdem stellte er sich unverzüglich zur Verfügung und organisierte, von den Offizieren verächtlich behandelt, mit seinem überlegenen wirtschaftlichen Können in wenigen Monaten die Rohstoffversorgung, um sich darauf wieder aus der Öffentlichkeit zurückzuziehen. Später hat er sich bittere Vorwürfe gemacht, daß er durch diese Leistung, die er nur aus Liebe zu Deutschland vollbrachte, den Krieg verlängerte. Obwohl sein Tagebuch während der Kriegszeit davon berichtet, wie er in fast hektischer Betriebsamkeit von einer wichtigen Begegnung und Besprechung zur anderen eilte, wurde er doch durch seine Erkenntnisse menschlich immer einsamer — „ich bin der einsamste Mensch, den ich kenne!" Viele seiner Briefe und Schriften aus dieser Zeit zeugen von seinem inneren Erleben: „Ich bin im Besitz von Mächten, die mein Leben bestimmen. Es kommt mir so vor, als ob ich geführt werde, sanft, wenn ich mich füge, rauh, wenn ich widerstehe... Betrachten Sie mein Leben. Kennen Sie ein... entsagenderes? Und das liegt ... nicht an irgend etwas, was ich will. Denn ich will nichts... Ich habe nie Weltliches gefunden, das ich will. Ich will, was ich muß, sonst nichts." Das Gesetz Johannes des Täufers, das immer realer sein Leben prägte, spricht aus den Worten: „Es ist, als ob in mir zwei Menschen lebten, von denen der eine erwächst, der andere stirbt. Es stirbt der Begehrende, der von außen zu Erfreuende ... und es erwächst der andere, den ich kaum mehr Ich nennen darf. Denn dieser kümmert sich kaum mehr um mein Schicksal, er verlangt nach Dingen, die unpersönlich sind, und macht mich zum Diener von Mächten, die mir keine Rechenschaft zu geben haben. Dieser andere ist wie ein Teil einer fremden Macht, die sich eine Zeitlang meines armen Lebens bedient, um zu tun, was ihr gefällt... für wen? Ich habe nicht zu fragen."

Die Einsamkeit benutzte er, um seine Ideen für eine Neuordnung des völkischen Lebens niederzuschreiben. Denn die ungeahnten Entwicklungsmöglichkeiten, die sich ihm durch die Geburt seiner Seele erschlossen hatten, wollte er dem ganzen Volk zugänglich machen.

Seine zahlreichen Schriften, Reden und Bücher sind von dem Bemühen erfüllt, Verhältnisse zu schaffen, in denen trotz der Technisierung und Mechanisierung des Lebens Raum für die Seele wäre. „Die Welt bedarf eines Menschenreiches als Abbild des Gottesreiches, des Reiches der Seele ... Das Ziel der Weltrevolution ... heißt, transzendental betrachtet, Erlösung ... Niemand kann sich selbst, doch jeder kann jeden erlösen. Stand um Stand, Mensch um Mensch, so erlöst sich ein Volk." Bis in alle Einzelheiten entwarf er umstürzende Pläne für die seiner großen Zukunftsvision dienende soziale, wirtschaftliche und kulturelle Neuordnung. Neben einer radikalen Auslöschung des Kapitalismus, vor allem durch die Abschaffung des Erbrechts, wollte er in erster Linie das Schulwesen grundlegend reformieren: „Man hebe den Lehrerstand ... der edelste und begabteste Deutsche sollte sein Glück und seine höchste Ehre dareinsetzen, Bildner der jungen Menschheit zu werden ... Wir wollen nicht die kirchlich überwachte, nicht die konfessionelle, sondern die freie, dem Geiste dienende, von religiösem Empfinden belebte Schule." Ebenso forderte er „Freiheit des Glaubens und Freiheit der Kirche im freien Staat und entwarf sogar Vorschläge für eine Selbstverwaltung aller lebenswichtigen Einrichtungen des öffentlichen Lebens. In einem seiner wichtigsten Bücher, „Von kommenden Dingen", das in einem Jahr in 65 000 Exemplaren verbreitet wurde und das damals in vielen Menschen die höchsten Hoffnungen erweckte, spricht er davon, daß die Mechani-

sierung sittlicher Durchgeistigung fähig ist und daß entscheidend für eine Höherentwicklung „die Ahnung ist,
daß der Mensch nicht um eines irdischen Glückes willen
geschaffen ist, sondern in göttlicher Sendung; der Glaube,
daß die menschliche Gemeinschaft nicht eine Zweckver-
einigung bedeutet, sondern eine Heimat der Seele. Dieses
unausgesprochene Bewußtsein, das auch der unvollkom-
mensten Staatsform noch einen Schimmer von Göttlich-
keit verleiht, muß dereinst erwachen für jede Form und
Handlung materiellen Lebens und muß selbst die Mechanisierung ergreifen und durchdringen." Eine dichterisch-
religiöse Stimmung durchzieht dieses, wie die meisten
seiner Bücher, die um so vertrauenerweckender scheinen,
als eine genaue Kenntnis der wirtschaftlichen und finan-
ziellen Realitäten ihre Basis bildet.

Von besonderer Bedeutung sind auch seine Vorschläge
zur Modernisierung des Strafrechts und Strafvollzugs, die
er in einem durchgreifenden Entwurf „Zur Reform des
Kriminalrechts" niederlegte. Hier geißelt er die primitive
Denkweise, die nur den *Erfolg* und nicht die *Gesinnung*
der Tat betrachtet. In den Mittelpunkt der Kriminalistik
will Rathenau den Begriff der objektiven Wiedergutmachung und der subjektiven Buße stellen — „im Sinne
eines ethischen Sakramentes". Vor allem kommt es ihm
darauf an, das Kriminalrecht sittlicher und feinfühliger
zu machen. „Der Strafbestimmungen bedarf es nicht. Es
genügt das Gesetz: jedes Unrecht soll nach Ermessen des
gerechten und weisen Richters nach dem Maße der zutage

getretenen Gesinnung und der Verantwortungsfähigkeit des Täters gesühnt oder gebüßt werden."

Sinn und Ziel seiner geplanten Maßnahmen, die einem geläuterten Kommunismus nahekommen, ist der „Mensch". „Aus dem, was Sie Mob nennen, sollen Menschen und Gotteskinder werden, trotz aller Schwächen und Laster, die in ihnen stecken mögen, freie Menschen, nicht braves Gesinde und ehrbare Untertanen." Und es klingt wie die Stimme des deutschen Volksgeistes selber, wenn Rathenau inmitten des Zusammenbruchs die besten Kräfte des Volkes anruft: „Wir können und dürfen nur leben, wenn wir werden, was wir zu sein bestimmt waren ... was wir nicht geworden sind: ein geistiges Volk, Geist unter den Völkern." Aber dann verfällt er angesichts der Haßtiraden, die seiner Menschenliebe entgegenschlagen, wieder in Hoffnungslosigkeit: „Deutschlands Stunde ist noch nicht gekommen. Wenn ich ab und zu schreibe, so ist es, weil ich muß. Ich muß versuchen, ob wir noch den Weg der Dämmerung schreiten können ... Wenn ich geschrieben habe, weiß ich: nein, den Weg des Dunkels. Der Weg des Dunkels ist der Weg der Weihe und des Mysteriums, der Weg von Eleusis, vielleicht von Golgatha. Doch er führt zum Licht: zum Licht von Eleusis. Glauben Sie nicht, daß diese dunklen Worte mit dem Ernst der Zeit spielen ... An dem Widerklang jeden Glockenschlags erkenne ich: es *ist* noch nicht Zeit. Dennoch ... muß ich immer wieder an die Glocke schlagen."

Walther Rathenau

In dieser Zeit schrieb er auch düstere Visionen und ergreifende mystische Geistgespräche nieder, Ausflüsse seiner verzehrenden religiösen Auseinandersetzungen. Dazwischen entwarf er präzise politische und wirtschaftliche
Programme, die von seiner hohen Genialität und Vernunft, zugleich aber auch von einem unfehlbaren Wissen
auf allen Gebieten des praktischen Lebens zeugen. Selten
ließ er sich zu persönlicher Bitterkeit hinreißen: „Den
Raub und Hohn der Freunde, von denen nie, nie! einer für
uns eintritt, die lächelnd auf der Abgrundstraße in den
Weg treten und einzeln gezwungen werden müssen, dem
schwankenden Wagen Raum zu geben, bis es ihnen endlich doch gelingen wird, die Speichen zu brechen, wie habe
ich sie erlebt! ... Dann werden sie lächelnd und lamentie-
rend den Denkstein aufrichten und die ahnungslose Jugend kommt mit ihren Kränzen!" Meist hören wir aus
seinen Äußerungen nur die Stimme des christlichen Mystikers: „Wer erlöst? Jeder. Wer bösen Willen einsaugt
und guten Willen ausströmt. Wer Irrtum empfängt und
Wahrheit erwidert. Wer Haß duldet und Liebe gibt." Die
Warnungen vor der sich verdichtenden Lebensgefahr, in
der Rathenau schwebte, zumal nachdem er sich von
Reichskanzler Wirth hatte überreden lassen, das Wieder-
aufbau-Ministerium und später sogar das Außenministe-
rium zu übernehmen — alle diese ernsten Warnungen
wehrte er ab mit den Worten: „Sie sollten sich um meine
Erhaltung keine Sorgen machen. Wenn ein unvergeude-
tes Leben enden soll, so geschieht es nicht aus Willkür,

sondern weil es seinen Abschluß gefunden hat. Dankbar bin ich für jede Stunde, die mir zu wirken vergönnt ist, und welcher Satz, welcher Pinselstrich des Werkes letzter ist, ziemt nicht zu fragen. Noch weniger sollten Sie sich kümmern und betrüben über schlimme Worte. Es gibt Menschen, die durch Leiden böse werden, doch auch sie müssen zur Heilung beitragen, freilich auf dem weitesten Umweg."

Auf der Konferenz von Genua machte seine durch und durch lautere Persönlichkeit tiefen Eindruck auf die von Haß verblendeten feindlichen Staatsmänner. Zum ersten Mal fühlten sie in dem Vertreter Deutschlands wieder eine moralische Macht vor sich stehen. Lloyd George sagte später über diesen Eindruck: „Er stand wie ein Fürst unter uns." Obwohl — oder weil — er in Genua und später durch seinen offenen Brief an Oberst House alles tat, um den Vernichtungswillen der Entente zu erschüttern, und obwohl er durch seine Bereitschaft zur „Erfüllungspolitik" erste Verständigungsmöglichkeiten erreichte, schlugen ihm, als er zurückkam, die Haßwellen der Rechtsradikalen entgegen, weil sie es als Schande empfanden, wenn dieser Jude Deutschland geholfen hätte. Bei seiner Abreise hatte er schon geschrieben: „Wer auch nur einen Augenblick seinen Rücken unter diese Last beugt, wird zermalmt." Nun aber hieß es: „Man kann nur einen kränken, der etwas will oder sich fürchtet. Ich will nichts für mich ... Wenn sie mir das Leben nehmen, sie nehmen mir nicht viel." Acht Tage vor seiner Ermordung schrieb er einen Abschiedsbrief an seine Freundin:

„Ich bin jetzt von Menschen frei. Nicht in dem Sinne, daß Menschen mir jemals gleichgültig werden könnten: im Gegenteil. Je mehr ich frei bin, desto mehr sind sie mir — trotz allem — verwandt und liebenswert, und ich erkenne freudig, daß ich für sie, nicht sie für mich da sind ... Es ist freilich nicht mehr viel von mir übrig. Die Flamme brennt nieder."

Sehenden Auges und voll bewußt ging Rathenau den Weg des Opfers. Immer hatte er jeden polizeilichen Schutz abgelehnt. Doch als Reichskanzler Wirth ihn noch einmal warnte, da ihm konkrete Vorbereitungen zu einem Attentat gemeldet worden waren, „machte meine Mitteilung auf Minister Rathenau einen tiefen Eindruck. Bleich und regungslos stand er wohl zwei Minuten vor mir. Keiner von uns wagte auch nur mit einem Wort die Stille zu durchbrechen. Rathenaus Augen waren wie auf ein fernes Land gerichtet ... Plötzlich nahmen sein Gesicht und seine Augen den Ausdruck unendlicher Güte und Milde an. Mit einer Seelenruhe, wie ich sie nie an ihm gesehen hatte ... näherte er sich mir, legte beide Hände auf meine Schultern und sagte: ‚Lieber Freund, es ist nichts. Wer sollte mir denn etwas tun?' Und noch einmal verbat er sich jeden polizeilichen Schutz."

Mit dieser Haltung eines christlichen Märtyrers ging Walther Rathenau den „Weg der Weihe und des Mysteriums", den Weg, der für ihn die Erlösung von schweren Konflikten und Schmerzen bedeutete und der ihm das Tor zu neuen, großen Erkenntnissen öffnete, die ihm sein übergroßer Intellekt noch verdeckt hatte. Es gehört zur letzten Vollendung seines Bildes, daß er kurz nach seiner Ermordung seiner Mutter im Traum erschien und sie veranlaßte, der Mutter des einen jungen verhetzten Mörders zu schreiben, daß er ihm verziehen habe.

*

Wenn man sich von Walther Rathenaus Schicksal im Innersten ergreifen läßt, wenn man sein Ringen um ein neues Menschentum im Laufe seines Lebens verfolgt und seine Sehnsucht, mit der er ein „Menschenreich als Abbild des Gottesreichs" vorverkündete, für das er am Ende sein Leben hingab — dann steht er vor uns als eine große, tragische Gestalt, wie ein einsamer Rufer — „der einsamste Mensch, den ich kenne". — In ihm waren die irdischen Klugheitskräfte der Vergangenheit noch einmal wie in einem Brennpunkt zusammengefaßt und wie an ein Ende gekommen, ehe eine neue Epoche begann, in der sie sich — wenn auch unter gewaltigen Umwälzungen — wie die grüne Schlange in Goethes Märchen opfern und verwandeln müssen. Daß er etwas von den „kommenden Dingen" ahnte, zeigen seine Worte: „Käme heute ein Prophet zur Welt, so würden wir uns gewöhnen müssen, ihn von Maschinen und sozialen Gesetzen reden zu hören... Wenn ich gerufen werde und fühle, daß es der Ruf ist, so werde ich mich aufmachen und *Dem* folgen, der bestimmt sein wird, uns zu führen. Ich weiß aber nicht, ob ich den Ruf erlebe."

ANNE SULLIVAN

(1866—1936)

*„Sie lieh ihr Menschsein aus,
um mich zu erschaffen."*
(Helen Keller)

Wenn wir das Bild betrachten, das diesem Bericht bei-
gegeben ist, ohne etwas von dem darin enthaltenen Schicksal zu wissen, so sehen wir zwei junge Frauen, eine ältere
und eine jüngere, beieinander sitzen. Die Ältere, offenbar
eine Lehrerin, hält in der linken Hand ein offenes Buch,
aus dem sie vorzulesen scheint. Neben ihr sitzt auf einem
niederen Hocker ein junges, liebliches Mädchen, das wir
nur im Profil sehen, in einem faltenreichen Kleid nach der
Mode der Jahrhundertwende. Ihre linke Hand ruht auf
dem Knie der Älteren, die rechte Hand umschließt die
Rechte der Lesenden. Sie scheint aufmerksam zu lauschen,
schaut aber dabei seltsam starr geradeaus. Auf dem Teppich schmiegt sich ein großer Bernhardiner an die Füße
seiner jungen Herrin.

Die beiden Frauen heißen Anne Sullivan und Helen
Keller. Beim Nennen dieser Namen werden die meisten
Menschen einen fertigen Begriff aus ihrem Erinnerungs-

schatz hervorholen, denn seit vielen Jahrzehnten gehört Helen Kellers „Geschichte meines Lebens", die in etwa fünfzig Sprachen übersetzt ist, zu den Büchern, die man irgendwann einmal gelesen hat, und man weiß: Helen Keller *, blind und taubstumm, brachte es mit Hilfe ihrer ausgezeichneten Lehrerin, Anne Sullivan, fertig, zu lesen, zu schreiben, zu sprechen; sie studierte, promovierte und hielt Vorträge in aller Welt. Ein einzigartiges Phänomen, das die Zeitgenossen damals tief beeindruckte. Aber inzwischen sind zwei Weltkriege über die Menschheit gegangen, und die sich überschlagenden Sensationen der Gegenwart lassen Helen Kellers Errungenschaften zurücktreten. Bei ihrem 80. Geburtstag, der vor einigen Jahren gefeiert wurde, erschien noch einmal ihr Name in allen Zeitungen, sie selbst trat im Fernsehen auf, aber es regte sich wohl nur ein flüchtiges Erinnern des damals angestaunten Wunders, sonst wäre es nicht möglich gewesen, daß ein Buch, das sie im Jahre 1956 über ihre Lehrerin und Freundin schrieb **, vergriffen ist und nicht mehr aufgelegt wird.

Und doch gehört dieses Buch in noch viel stärkerem Maße zu den großen Dokumenten des „Menschen", als es die mit etwa 22 Jahren geschriebene „Geschichte meines Lebens" schon war. Denn es ist aus der Reife und Über-

---

* Während der Arbeit an diesem Buch, im Sommer 1968, ist Helen Keller 88jährig gestorben.

** „Meine Lehrerin und Freundin Anne Sullivan", Alfred Scherz Verlag, Bern.

schau des Alters und aus den Erfahrungen eines einzigartigen, schweren Lebens entstanden. Wer nur ein wenig den Sinn für Schicksalsbeziehungen ausgebildet hat, wird in dem Zusammentreffen dieser beiden Frauen, die auf unserem Bild so rätselhaft-intim zusammensitzen, ein wichtiges Ereignis sehen, in welchem eines jener großen Menschenpaare sich fand, die im Laufe der Jahrtausende durch die besondere Konstellation ihres sich ergänzenden, gemeinsamen Schicksalsauftrags die Menschheitsentwicklung befruchtet haben. Diese beiden gaben der Welt ein Beispiel, wie ein geistbefeuerter Wille und ein Opfergang ohnegleichen — Anne Sullivan gab ihr eigenes schwaches Augenlicht für die Entwicklung ihrer Schülerin hin — die unüberwindlich scheinenden Schranken durchbrechen kann, die das Schicksal als Prüfung und Aufgabe vor ihnen aufgerichtet hatte. Sie haben damit nicht nur unzähligen unglücklichen Menschen Trost und Beispiel gegeben, sondern vor allem eine Art von Durchbruch, von Überwindung der Sinneswelt praktisch vorgelebt in dem Augenblick, als Rudolf Steiner gerade ansetzte, diesen Durchbruch in anderer Weise wissenschaftlich zu begründen.

Es gehört zu den menschlich schönsten und reinsten Charakterzügen Helen Kellers, wie sie nicht müde wiid, dagegen zu protestieren, daß die Aufmerksamkeit und Verehrung der Menschen immer nur ihr selber gelten, während sie doch — wohl mit Recht — davon durchdrungen ist, daß Anne Sullivan die viel bedeutendere Persönlichkeit war.

Aus diesem Bedürfnis: das wahre Wesen ihrer Lehrerin, ihre hohen Begabungen und ihre innere Größe ganz aufleuchten zu lassen, ist eine Biographie entstanden, die für jeden empfindenden Leser zu einem unvergeßlichen Erlebnis werden mußte und daher hier noch einmal referiert werden soll.

Anne Sullivan war 1866 in Nordamerika als das Kind armer irischer Einwanderer geboren worden. Die Mutter starb früh, der Vater, ein Trinker, verschwand und ließ seine Kinder im Elend zurück. Die achtjährige Anne wurde mit ihrem kleinen Bruder in einem armseligen Fürsorgeheim untergebracht, wo der Bruder starb. Erst nach vier Jahren kam Anne von dort, fast blind und ohne Schulbildung, in das Perkinssche Institut in Boston, wo ihr ein systematischer Unterricht und später — als sie durch eine Operation ihr Augenlicht teilweise wiedererlangt hatte — eine Lehrerinnen-Ausbildung zuteil wurde. Der frühere Leiter dieses Instituts, Dr. Howe, hatte einige Jahrzehnte zuvor als erster die Wundertat vollbracht, ein blindes und taubstummes Mädchen, Laura Bridgman, so zu unterrichten, daß es seine Isolierung durchbrechen und sich bis zu einem gewissen Grad mit der Außenwelt verbinden konnte. Dieses Experiment hatte damals gewaltiges Aufsehen erregt, und das Perkinssche Institut war weithin berühmt und zu einem geistigen Zentrum geworden. Mit den Aufzeichnungen Dr. Howes über seine Methode ausgerüstet, konnte Anne Sullivan es wagen, mit 21 Jahren die damals siebenjährige Helen Keller zu unterrichten. Wie

Helen Keller und Anne Sullivan

sie die ungeheure Leistung vollbrachte, aus einem unge-
bändigten, im Zorn zerstörenden Wesen in kurzer Zeit ein
strahlendes, lernbegieriges Mädchen zu machen — wie sie
den Unterricht, der zu einer außergewöhnlich hohen Bildung führte, künstlerisch-lebendig und phantasievoll gestaltete, wie sie Lebensfreude, Humor, Spiel und Bewegung mit Straffheit und Strenge vereinigte, um die
höchsten Möglichkeiten in ihrer Schülerin entwickeln zu
können — das ist zwar alles in der „Geschichte meines
Lebens" schon erzählt, aber in jenem viel späteren Buch in
großartiger Steigerung dargestellt.

Auch die Zeit des dramatischen, teils qualvollen, teils
begeisternden Universitätsstudiums, das Helen mit Hilfe
ihrer Lehrerin, den unglaublichsten Widerständen zum
Trotz, bis zur Promotion durchführte, ist schon in der
Selbstbiographie geschildert, doch nicht die tragischen Be-
hinderungen, mit denen Anne Sullivan durch ihre schwachen, sich dauernd verschlechternden Augen zu kämpfen
hatte. Schon während der ersten Unterrichtsjahre und später, in der Zeit der Vorbereitung auf die Universität, war
Helens Wissensdurst ins Ungemessene gestiegen. Neben
Nationalökonomie und Geschichte der Philosophie studierte sie Deutsch, Französisch, Griechisch und Latein und
lernte diese Sprachen so weit, daß sie ihre Klassiker lesen
konnte. Am meisten liebte sie Griechisch, die „Geige der
menschlichen Gedanken", wie sie es nannte. Aber soweit
die Bücher, die sie dazu brauchte, nicht in die erhöhte
Brailleschrift für die Blinden übersetzt waren, mußte das

alles von Annes Augen in die buchstabierende Hand übertragen werden, vor allem mußte sie die unzähligen Voka-
beln aus den kleingedruckten Lexika heraussuchen, und
Helen war tief bedrückt, daß sie der leidenden Freundin
diese Mühe und Qual bereitete. Wohl lernten einige Mit-
schülerinnen das Fingeralphabet, um ihr zu helfen, aber
es blieb noch allzuviel Arbeit für Annes überanstrengte
Augen. Und so werden wir Zeugen eines heroischen Kampfes zweier Frauen gegen die ungeheuren Schwierigkeiten,
die das Schicksal ihnen durch ihre erstorbenen oder kranken Sinnesorgane bereitete.

Anne Sullivan, die im Bewußtsein der Öffentlichkeit nur
im Zusammenhang mit Helen Keller und nur in allgemeinen Konturen als ihre hervorragende „Lehrerin" lebt, war
in Wirklichkeit alles andere als der Typ einer pädagogisch-
würdevollen Persönlichkeit. Sie war eine schöne, geniale,
temperamentvolle Frau von hoher Kultur, klug und gebildet,
mit weitgespannten Interessen, mit ausgeprägtem Schön-
heitssinn und Kunstverständnis. Sie lebte intensiv in der
Welt der Sprache und der Dichtung, war aber auch zugleich
mit den Naturreichen tief verbunden. Auf den vielen Rei-
sen, die sie mit Helen Keller zusammen machte, durch-
streifte und genoß sie die Schönheiten der Erde und teilte
sie der Freundin mit, so daß diese voll Freude daran teil-
nehmen konnte. Ja, sie war eine tollkühne Reiterin, und
nur die Verschlimmerung ihres Augenleidens und ihrer
Gesundheit überhaupt konnte sie zum Verzicht auf diese
Leidenschaft zwingen. So schien sie für die „Höhen des

58

Lebens" geschaffen, sie hätte mit ihren Begabungen und Energien in der kulturellen Welt Großes leisten und viele Menschen beglücken können, aber „sie lieh ihr Menschsein aus, um mich zu erschaffen", sagte Helen von ihr. Alle Fähigkeiten, die ihr zur Verfügung standen, zwang sie in den einen engen Kanal, der zu Helens Geist führte. Alles, was das Leben ihr an Erlebnissen brachte, faßte sie in ihre Hände zusammen, und mit unendlicher Geduld und Liebe buchstabierte sie die Welt Wort für Wort in die Hand, die sich ihr sehnsüchtig entgegenstreckte, um durch sie diese Welt einsaugen zu können: den Glanz der Sonne und die Himmelsbläue, das Schimmern des Schnees und die Gewalt der Meereswogen, die Konturen der Gebirge, das Leuchten der Sterne, den Vogelflug und die tausendfältige Blumenwelt. Aber auch die Reiche des Geistes und der Kunst brachten Annes Hände ihr nahe: die Homerischen Gesänge, die griechischen Säulen (die sie sogar später selbst betasten durfte), Shakespeare (den sie am meisten liebte), die deutsche Dichtung und die romanischen Kulturen. Das Prinzip dieser Erziehung, die hohe Anforderungen an die Schülerin stellte, faßte Helen in den Satz zusammen: „Meine Lehrerin paßte ihr Vorgehen nicht meiner Schwäche an, sondern stärkte vielmehr meine geistigen Fähigkeiten, damit sie mein Gebrechen wettmachen konnten."

Helen lernte auch viele bedeutende Menschen ihrer Zeit kennen, vor allem wichtige religiöse Persönlichkeiten, es beglückte sie, durch Annes ununterbrochene Übermittlung

an interessanten Gesprächen und Diskussionen teilzuneh-
men, sie verfolgte die politische Entwicklung und interessierte sich brennend für soziale Probleme, ja, die beiden
Frauen kämpften gemeinsam für die bessere und richtigere
Ausbildung und Behandlung der Tauben und Blinden und
darüber hinaus für die Unglücklichen, Verfolgten und Ent-
rechteten in aller Welt. Aber was Helen auch von der
Vielfalt des Lebens in sich aufnahm, um es produktiv zu
verarbeiten, es kam — abgesehen von der Brailleschrift —
nur durch Anne zu ihr. So wuchsen die beiden wie zu
einem Doppelwesen zusammen, Annes Finger wurden für
Helen das Tor zur Welt, und ihre eigene Hand wurde zu
einem neuen Sinnesorgan, das ihr die toten Augen und
Ohren ersetzte. Ebenso verdankte sie ihre Charakterbil-
dung diesem leiblich-seelischen Kontakt. Unaufhörlich
— besonders in der Kindheit und Jugend — empfing sie die
Weisungen zur Ordnung, zur Beherrschung ihres Zorns
und ihrer Wildheit, zur schöneren Bewegung, zum besseren
Sprechen, zum systematischen Arbeiten, zur Toleranz und
inneren Harmonie. Aber so großartig auch Anne Sullivans
Leistung gewesen ist — das Größte daran ist doch dies, daß
sie ihre Macht über die Freundin niemals mißbrauchte. Sie
erzog sie zur inneren Selbständigkeit und machte sie geistig unabhängig von sich. Als kurz vor ihrem Tode jemand
zu ihr sagte: „Ohne Sie wird Helen nichts sein!" entgeg-
nete sie: „Das würde bedeuten, daß ich versagt habe."

So konnte es auch geschehen, daß Helen Keller sich in
religiöser Hinsicht ganz selbständig entwickelte. Durch

einen älteren Freund, ihren „geliebten Pflegevater" John Hitz, der ein Kenner und Anhänger Swedenborgs war, lernte sie die Reiche des Übersinnlichen kennen, so wie Swedenborg sie aus seiner Schau in seinen Büchern ausführlich darstellt. Daraus erwuchs für sie eine wunderbare Sicherheit dem Leben und dem Schicksal gegenüber, und die Freudigkeit und Harmonie, die aus ihrem Antlitz und ihren Schriften spricht, scheint aus den Reichen zu stammen, die ihr durch Swedenborg erschlossen wurden. Demgegenüber war Anne Sullivan ausgesprochen kritisch-intellektuell eingestellt. „Ich glaube nicht an Unsterblichkeit", sagte sie, „wenn ich das Wort höre, wehrt sich etwas in meinem Verstand. Ich interessiere mich nicht für Religion."
Und sie fuhr fort (und in diesen Worten offenbart sich ihr edler und großzügiger Geist): „So wollen wir uns darauf einigen, daß wir darüber nicht einig sind... Ja, ich bin deine Mutter im Herzen und im Geist, doch du gehörst nicht mir. Ich möchte, daß du deine Ansichten unabhängig formst... Nur sei immer gerecht und großmütig gegenüber jenen, die anderer Meinung sind als du... Ich kann deinen Glauben achten, weil du ihn nicht wie ein Schwächling benutzest als Trost für deine Blindheit und Taubheit..." In diese Auseinandersetzung zwischen den Freundinnen schaltete sich John Hitz ein mit Worten, die aus dem Geist der „Philosophie der Freiheit" zu stammen scheinen: daß „ethische Normen, die einem Individuum von außen aufgezwungen werden, sein inneres Wachstum hemmen". Und Anne fuhr fort: „Du siehst daraus, Helen,

warum du nicht durch die strengen Theologen vergange-
ner Zeit beeinflußt oder selbstgerecht werden solltest.
Jedes menschliche Geschöpf ist ein Mysterium . . . und
wenn es ein Weiterleben nach dem Tode gibt, wird Gott
vielleicht in den schlimmsten seiner Kreaturen einen Schimmer reinen Geistes finden, der sie aus der Hölle zu ihm
hinaufzieht."

Es erscheint als Tragik, daß Anne Sullivan die Harmonie, die sie in ihrer Schülerin in so reichem Maß entwickeln
konnte, selbst entbehren mußte. Vor allem im höheren
Alter traten bei ihr — wohl als Folge und Nachwirkung
der schweren Jugenderlebnisse und ihrer kurzen mißglück-
ten Ehe mit John Macy — seelische Schwankungen auf,
Depressionen, Disharmonien, Ungeduld und Entmutigung.
Ihre geistige Überlegenheit ließ sie die Unzulänglichkei-
ten, mit denen sie während ihrer sozialen Tätigkeit zu
tun hatte, schmerzlicher empfinden, ihr „keltisches Feuer"
ertrug nur schwer die Hemmungen durch das Schicksal.
Es bedurfte der ganzen hingebenden Liebe Helens, um ihr
über diese schwierigen Stimmungen hinwegzuhelfen.
Denn nun waren am Ende die *beiden*, von Tatendrang
erfüllten Menschen blind und auf die Hilfe anderer treuer
Gefährten angewiesen, um ihre großen Pläne durchfüh-
ren zu können. Das war eine schwere Zeit. Erst als
Anne Sullivan im Oktober 1936 von ihrem Leiden erlöst
wurde, konnten ihre außerordentlichen Kräfte und Impulse wieder ungehemmt der zurückgebliebenen Freundin zuströmen. Die lang geplante Reise nach Japan — wo

die Fürsorge für die Blinden noch ganz in den Anfängen steckte, so daß man dringend nach dem Rat der erfahrenen Sachverständigen verlangte — diese Reise konnte Helen nun nach Annes letztem Willen mit einem erstaunlichen Mut allein unternehmen, und alles glückte über Erwarten und menschliche Voraussicht, wie wenn ein unsichtbarer Helfer darüber gewaltet hätte. Auch den schweren Schicksalsschlag, als während einer Abwesenheit in Italien Helens Haus mit ihrer ganzen Habe, mit den unersetzlichen Blindenschriften, mit wertvollen Manuskripten und mit den Briefen und Erinnerungen an die geliebte Freundin durch einen Brand restlos vernichtet wurde — auch dieses Schwerste überwand Helen Keller mit erstaunlicher Seelengröße. „Es lag eine solche Kraft und Mitteilungsfähigkeit in der Persönlichkeit meiner Lehrerin, daß sie mich auch nach ihrem Tode stärkten und dazu befähigten, auszuharren und standhaft zu bleiben."

In unserer Zeit, in der die Menschen vom Lärm der Katastrophen und Sensationen in Angst oder Stumpfheit gedrängt werden, steht die Geschichte des Menschenpaares — Anne Sullivan und Helen Keller — wie ein großes Bild und Zeichen vor uns, das für die grenzenlosen Möglichkeiten des Menschenwesens und für die Unzerstörbarkeit des Geistes Zeugnis ablegt.

KÄTHE KOLLWITZ

(1867—1945)

*„Ich soll das Leiden der Menschen, das nie ein
Ende nimmt, das jetzt bergegroß ist, aussprechen."*

Eine Künstlerin, die ihre Arbeit ganz im menschheitlichen Sinne auffaßte und sie in den Dienst der damals
noch tief gedrückten Arbeiterschicht stellte, war Käthe
Kollwitz. Die Veröffentlichungen über sie, die ihr Sohn
herausgab *, vermitteln uns eine lebhafte Anschauung
von der Zeit nach der Jahrhundertwende und darin vom
Leben, Leiden und Wirken der großen Frau. In diesem
Bild müssen nicht, wie bei den meisten modernen Künst-
lern, die verschiedensten, oft auseinanderklaffenden Schichten freigelegt werden, um sie ganz zu erfassen. Bei Käthe
Kollwitz gibt es nur eine Schicht: das ist ihr Herz. Ob sie
an einen jungen Arbeiter schreibt oder an Romain Rol-
land, ob sie eines ihrer Elendsbilder aus dem Arbeiterleben entwirft oder ein Relief für das Grab eines berühmten Philosophen — niemals schillert sie in verschiedenen Farben, je nach dem Licht, in das sie sich begibt.

---

* „Aus meinem Leben", List-Bücher Nr. 92, „Briefe der
Freundschaft", List-Verlag.

64

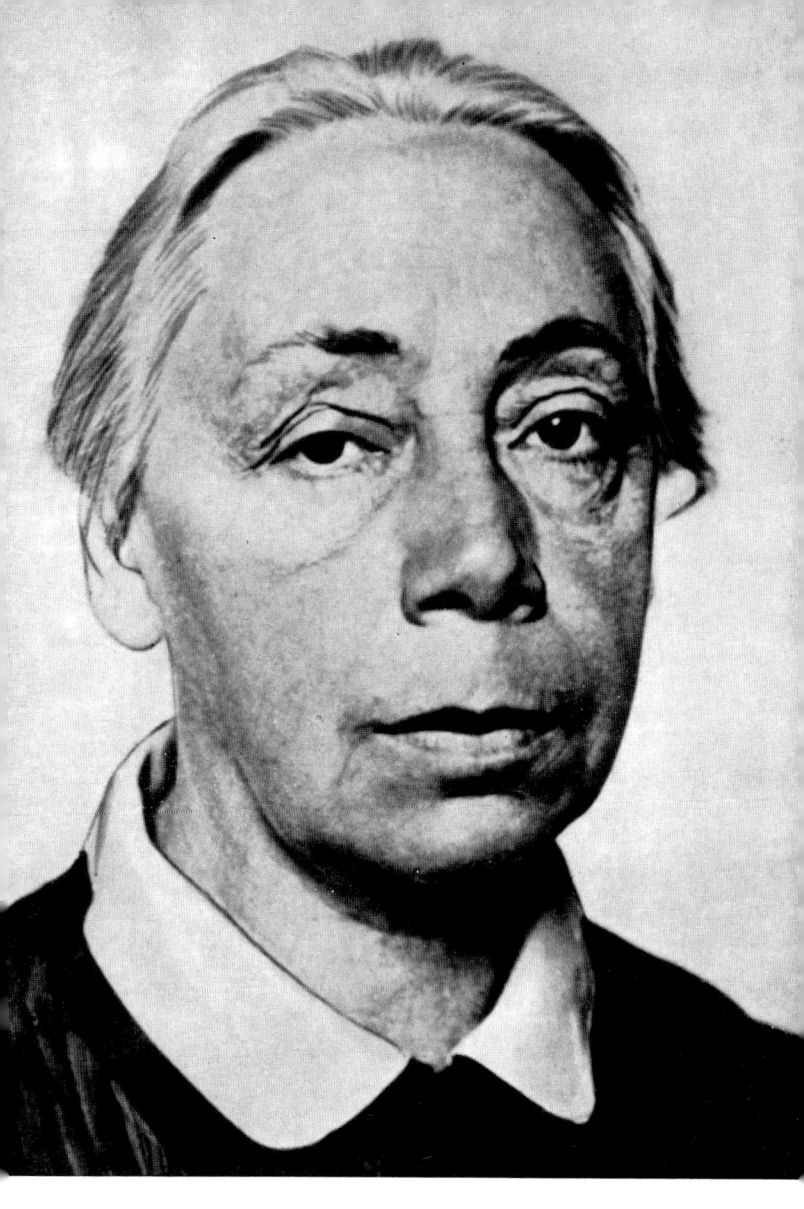

Käthe Kollwitz

Alles trägt nur den einen Stempel ihres unbestechlichen, ernsten, geradlinigen Wesens, das sich im Lauf des Lebens wohl entfaltete, aber nicht veränderte. Auf dem selbstgewählten schmalen und steilen Pfad ging sie unbeirrt, ohne rechts oder links nach bequemeren Seitenwegen auszuschauen. Und so ist alles, was sie spricht und schafft, ein-fach und ein-deutig, weil jede ihrer Lebensäußerungen einem zentralen Mittelpunkt entspringt: ihrem durch und durch wahrhaftigen, mütterlichen Herzen.

Nur wenige Grundtatsachen des Daseins sind es, die nach ihrer Aussage ihr Leben ganz erfüllten: die Liebe, die Mutterschaft und die Arbeit. Wobei man das Kapitel „Liebe" erweitern könnte um das Kapitel Freundschaft, ja „Hinwendung zum anderen Menschen", das gerade in ihren Briefen so lebendig in Erscheinung tritt.

Zu diesen wenigen Elementen fügte das Schicksal als dreifachen Kontrapunkt die polaren Gegensätze: Krieg, Not und Tod — mit denen sie ihr Leben lang schmerzlich und aussichtslos gerungen hat, bis ihr eigener ersehnter Tod sie von dem unendlichen Leiden an den ungelösten Daseinsrätseln befreite.

Die Not des damaligen Großstadt-Proletariats, die ihr zum Lebensthema wurde, lernte sie erst kennen, als sie mit 24 Jahren — nach sieben Jahren des Wartens — den Arzt Dr. Kollwitz heiratete, der in einem Arbeiterviertel im Norden Berlins praktizierte. Sie selbst stammte aus einer ostpreußischen Familie, die sich von jeher in freiheitlicher Gesinnung gegen Zwang und Konvention aufgelehnt hatte. Ihr Großvater Rupp in Königsberg, wegen seines selbständigen Denkens als Divisionspfarrer gemaßregelt, war Prediger in einer sich um ihn scharenden Gemeinde geworden, in der die junge Käthe ein mehr ethisch-moralisch als spirituell begründetes Christentum kennenlernte. Daher liebte sie den „lieben Gott", der ihr dort vorgesetzt wurde, nicht, er war ihr fremd. Dagegen glaubte sie fest an die griechischen Götter und baute ihnen Tempel aus Spielklötzchen. Als sie in einem solchen Tempel gerade der Venus opferte, erfuhr sie, daß ihr kleiner Bruder soeben gestorben sei. „Sofort wußte ich: jetzt rächt sich Gott dafür, daß ich der Venus opfere ... welch ein Druck war auf meiner Seele, daß ich an des Bruders Tod schuldig sei."

Wie der Großvater, so hatte auch der Vater seine Laufbahn als Jurist aufgegeben, um nicht auf seine politischen Überzeugungen verzichten zu müssen, und wurde einfacher Bauunternehmer. Die junge Käthe war ganz unpolitisch. Der Arbeiter interessierte sie ursprünglich nur als künstlerische Erscheinung. „Das eigentliche Motiv aber, warum ich ... zur Darstellung fast nur das Arbeiterleben wählte, war, weil die aus dieser Sphäre gewählten Motive mir einfach und bedingungslos das gaben, was ich als schön empfand. Schön war für mich der Königsberger Lastträger ... schön war die Großzügigkeit der Bewegungen im Volke. Das ganze bürgerliche Leben erschien mir pedantisch. Dagegen einen großen Wurf hatte das Proletariat." Und so war es zunächst auch nicht das Mitleid, das sie zu diesen Themen drängte. Erst als sie die Nöte der Arbeiter aus unmittelbarer Nähe miterlebte, wurde sie von Mitleid so überwältigt, daß sie ihre Kunst mehr und mehr dazu gebrauchte, um ihre Zeitgenossen aufzurütteln. „Ungelöste Probleme, wie Prostitution und Arbeitslosigkeit, quälten und beunruhigten mich und wirkten als Ursache dieser meiner Gebundenheit an die Darstellung des niederen Volkes, und ihre immer wiederholte Darstellung öffnete mir ein Ventil oder eine Möglichkeit, das Leben zu ertragen." Als sie mit einem Plakat zu einer Sammlung für hungernde Kinder aufrief, schrieb sie: „Während ich zeichnete und die Angst der Kinder mich mitweinen machte, hatte ich so recht das Gefühl der Last, die ich trage. Ich fühlte, daß ich mich nicht entziehen dürfte der Aufgabe, Anwalt zu sein. Ich *soll* das Leiden der Menschen, das nie ein Ende nimmt, das jetzt bergegroß ist, aussprechen." Und so meinte sie wohl sich selbst, wenn sie einmal schrieb: „Auf der Zeichnung, wo der Tod die Kinder packt, sitzt hinten eine Frau, die das Leid der Welt sieht... sie rührt kein Glied, aber sie weiß um das Leid der Welt." Die Uraufführung der „Weber" von Gerhard Hauptmann bedeutete einen Einschnitt in ihrer Entwicklung und löste in ihr den Zyklus „Die Weber" aus, der sie mit einem Schlag in die vorderste Reihe der damaligen Künstler stellte.

Durch diesen öffentlichen Einsatz war es nicht zu vermeiden, daß sie von den Linksparteien für deren Zwecke benutzt wurde, zumal in der frühen Zeit ihre Arbeit nicht immer frei von einem gewissen politischen Fanatismus war. Später läuterten sich diese Emotionen allmählich zum rein Menschlichen. Ihr Gefühl wurde „kosmischer", wie sie sagte, und es bedrückte sie wie eine Unwahrheit, wenn sie immer noch von der sozialistischen Jugend als Bannerträgerin verehrt wurde, während sie längst die Ent-Täuschung erlitten hatte, als die Revolution ihr wahres Gesicht enthüllte. „Inzwischen hab ich eine Revolution mit durchgemacht und hab mich davon überzeugt, daß ich kein Revolutionär bin. Mein Kindertraum, auf der Barrikade zu fallen, wird schwerlich in Erfüllung gehen, weil ich schwerlich auf eine Barrikade gehen würde, seitdem ich in Wirklichkeit weiß, wie es da ist. So weiß ich jetzt, in was für einer Illusion ich die ganzen Jahre gelebt habe, glaubte Revolutionär zu sein und war nur Evolutionär . . ."

Mit der Stärke eines Urgefühls erlebte sie die Mutterschaft, die vielleicht das wichtigste Erlebnis ihres Lebens war. „Je älter ich werde, desto mehr kommt es mir wie das Allerschönste im Leben vor . . . Schwangerschaft, Gebären, Kinder haben, das waren Realitäten, die echt waren." Um so schmerzlicher mußte der Kriegstod ihres über alles geliebten Sohnes Peter ihr Leben verändern. Jahrelang rang sie mit diesem Verlust, in dem sie keinen Sinn finden konnte, da sie sich zu sehr an das Wort aus dem Lehrbrief in Wilhelm Meister klammerte: „Saatfrüchte sollen nicht vermahlen werden." Den Gedanken, daß ihr Sohn trotz seines Todes — oder gar durch seinen

Tod — noch saatkräftig war, konnte sie nicht fassen. Sie fühlte sich „zu zerstört, zerweint, geschwächt" und kämpfte oft vergeblich gegen eine gewisse Verengung ihres Wesens: „Das Enge in mir, das ist das Schlimmste. Sich dehnen, weiten, höher werden, danach verlangt man. *Derselbe* bleiben, der man war, bevor das Schicksal uns schlug, das darf nicht sein. Die Umwandlung durch einen einzigen Willensakt ist nicht erfolgt, so muß sie langsam erfolgen." Und so gelangen ihr manchmal solche ersehnten Höhepunkte: „Nur ein Zustand macht alles erträglich: die Aufnahme des Opfers in den Willen. Aber wie kann man diesen Zustand sich erhalten?" Sie erhielt ihn sich nur durch die Arbeit an dem großen Denkmal, das sie in langen Jahren zu seinen Ehren schuf. Erst kurz vor dem Beginn der Naziherrschaft wurde es auf dem belgischen Soldatenfriedhof eingeweiht, wo ihres Peters Grab lag. Langsam wuchs sie — im Namen der Millionen trauernder Mütter — aus dem persönlichen Schmerz zu der fast mythischen Figur einer Anklägerin des Krieges empor, indem sie unermüdlich das Motiv einer schweren, erdgebundenen „Magna Mater" gestaltete, die ihre Kinder schützend umfängt oder vor den verhungerten, zertretenen in stumpfem Schmerz verharrt. „Der Schmerz hat Müdigkeit hinterlassen", schreibt sie 1918. „Es ist auch nicht allein der Peter, es ist der *Krieg*, der einen bis auf den Boden drückt... Der schreckliche Unsinn, daß die europäische Jugend gegeneinander rast." Und später: „Vergessen dürfen wir den Krieg nie. An der ungeheuren

Schuld hat jeder sein Teil. Und wir müssen abtragen diese Schuld." So ist es kein Wunder, daß der zweite Weltkrieg, der ihr auch den geliebten Enkel nahm, der wieder Peter hieß, ihre Kräfte vollends zerbrach. „Ich sehe noch die abgründige kreatürliche Trauer in den Augen der Käthe Kollwitz: sie saß im Atelier auf dem Sofa, Mutter nicht mehr im persönlichen Sinne, sondern des Volkes, der Völker." So schilderte Reinhold Schneider die 73Jährige bei seinem letzten Besuch.

Daß ein so aus der Schwere lebender Mensch es auch im Schaffensprozeß nicht leicht hatte, ist selbstverständlich. Wie die meisten Künstler, litt sie unter einem Rhythmus von immer wiederkehrenden langen Perioden der Arbeitsunfähigkeit, die von kürzeren Zeiten der Produktivität unterbrochen wurden. „Schlimm ist es, daß ich manchmal an meine Arbeiten nicht mehr glaube ... Auch beunruhigt mich zu sehr die Jugend mit ihrer anderen Richtung ... Ich komme mir zum alten Eisen geworfen vor." In einer Zeit auch körperlicher Depression heißt es: „Tief. Tief. Tiefstand ... Jetzt ekelt mich meine Arbeit so an, daß ich sie nicht sehen kann. Zugleich ein Versagen des ganzen Menschen." Dann aber schreibt sie wieder: „Mit meiner Arbeit geht es wunderbar gut. Alles schließt sich, formt sich unter meinen Händen." Aber als sie nach längerer Abwesenheit das Atelier wieder betrat, war sie „wahnsinnig enttäuscht und so nachhaltig, daß ich erst jetzt wieder Mut fasse, etwas Neues anzufangen."

„Zu meiner Verwunderung und Genugtuung lese ich im

Corinth, daß er auch mit diesen fürchterlichen Depressionen zu tun hatte. Er beschreibt es genau, wie es bei mir ist. ,Ein fortwährendes Streben, mein Ziel zu erreichen, das ich in dem Grade niemals erreichte, hat mein Leben vergällt, und jede Arbeit endete mit Depressionen, dieses Leben noch weiterführen zu müssen.' Liebermann sagte einst zu mir: ,... ich will sogar das, was ich noch erreichen könnte, gar nicht haben, weil aus dem Errungenen schon der Ekel einen angrinst. Ein Stück Selbstmordkandidat ist jeder Künstler.' "

Außer Klinger, der in ihrer Jugend stark auf Käthe Kollwitz wirkte, hatte sie unter den Zeitgenossen kein eigentliches Vorbild. Nur Barlach bewunderte sie restlos. In einer Ausstellung „sah ich etwas, was mich ganz umschmiß: das waren Barlachsche Holzschnitte. Barlach hat seinen Weg gefunden und ich habe ihn nicht gefunden." Sie fühlte „ein tief neidisches Empfinden, daß Barlach so viel stärker und tiefer ist als ich bin". Als er 1938, von den Nationalsozialisten verfemt, einsam starb, war sie bei den Trauerfeierlichkeiten in Güstrow, wo sie eine ergreifende Zeichnung von dem Toten machte. Als sie wieder in ihrem Atelier war, schrieb sie: „Wie es immer ist, wenn man jemand begraben hat, um den man trauert, um den man aber nicht schmerzlich weint, war ein gesteigertes Lebensgefühl in mir ... Alles war geweitet und gehoben. Es war sehr schön." Und einige Wochen später: „Es ist mir manchmal, als ob der tote Barlach mir seinen Segen hinterlassen hat. Ich kann gut arbeiten. Es ist wie

71

eine konstante Erregung, die mich überkommen hat."

In den zwanziger Jahren war sie schon längst berühmt gewesen. Auf Menzels Antrag hatte sie eine Goldmedaille bekommen, sie besaß den Professortitel, war Mitglied der Akademie der Künste und leitete die Meisterklasse für Graphik. Das alles nahm sie mit einer gewissen Selbstverständlichkeit hin: „Mit 50 Jahren ist dieses Selbstgefühl nicht so ausschweifend und hochmütig, wie es mit 30 ist. Es ruht auf Selbstkenntnis. Der Ruhm berauscht nicht mehr."

Daß der Ruhm vom Nationalsozialismus weggefegt würde, war vorauszusehen. Schon im Februar 1933 wurde sie gezwungen, „freiwillig" aus der Akademie auszuscheiden und durfte auch nicht mehr ausstellen. Aber als man versuchen wollte, sie zu rehabilitieren, lehnte sie ab: „Ich will und muß bei den Gemaßregelten stehen." Fortan fühlte sie sich „zu den Toten gerechnet, oder, genauer gesagt, zu den nicht mehr Lebensberechtigten". „So etwas von Stille um mich. Das muß alles erlebt werden." In diesen Jahren schrieb sie viele liebevolle Briefe an die emigrierten Freunde und Schüler, deren Schicksal sie mit tiefer Scham erlebte und begleitete. Ihr Briefstil ist von der großen Schlichtheit gezeichnet, die ihr ganzes Wesen beseelte. Aber hinter den knappen Worten verbirgt sich eine einzigartige menschliche Substanz und strahlt eine Intensität aus, die mit langen Sätzen kaum zu erreichen ist. „Gutes—Gutes!" wünscht sie den Freunden. Oder: „Seid gegrüßt, ihr lieben Menschen. Seid gegrüßt! Käthe Kollwitz."

72

Ihre Freunde rühmen in den Erinnerungen ihre Fähigkeit des Zuhörens. Sie betätigte überhaupt „eine leidenschaftliche, fast schmerzlich liebende Anteilnahme" am Ergehen der Menschen und blieb doch selber klar und ruhig. Viele junge Menschen hat sie künstlerisch und menschlich beraten; sie fühlten, daß „etwas Dynamisches", ja „etwas Überwältigendes" von dieser stillen, bescheidenen Frau ausging. Ein Schüler erzählt, wie sie ihn gleichsam bei der Hand nahm, „um mich von der Menge, die damals (1938) ums goldene Kalb tanzte, hinweg und auf die rechte Straße zu führen". Sie selbst schreibt: „Es sind mit die feinsten Freuden des Lebens, die Freuden am Menschen und das mit ihnen Sympathisieren." Ja, trotz ihres melancholischen Gemüts verlangte sie intensiv nach Freude, daher konnte sie in der schlimmsten Zeit des ersten Krieges sagen: „Wenn all die Menschen, die der Krieg geschlagen hat, die Freude aus ihrem Leben verwiesen, dann wäre es fast so, als wären sie gestorben. Menschen ohne Freude wirken wie Leichen. Sie wirken lebenhemmend." Von dieser Seite zeichnet ihre Schwester ein Bild der jungen Käthe, als sie noch wegen ihres Lachens berühmt war, wegen „ihrer strömenden Kameradschaftlichkeit, die nie rechnete—ihrer Fröhlichkeit bei Festen und ihrem Talent, sich so herrlich zu verkleiden."

Ihre Kraft holte sie sich aus Musik und Dichtung, vor allem aber bei Goethe, der sie wie ein Freund begleitete. „Der Goethe ist für mich wie ein Brunnen, unerschöpflich, immer bereichernd. Was danke ich ihm!" Ihre Enkelin berichtet aus ihren letzten Tagen: „Seine Maske hing über ihrem Bett; manchmal mußte ich sie ihr herunterreichen, dann tastete sie sie mit geschlossenen Augen ab. ,Zur Orientierung', wie sie sagte. Und sie erinnerte mich an die Aufforderung Goethes an Ottilie: ,Komm, laß uns vom Sterben sprechen!' "

Das Sterben, der Tod! Diese mit Religion so eng verschwisterte Sphäre, um die Käthe Kollwitz seit dem Tode ihres Sohnes unablässig kreiste, hat in ihrem Leben schwankende Konturen. Zuweilen versuchte sie, den Vorhang zu durchbrechen, um die Welt der Toten zu erreichen, dann schreckte sie wieder davor zurück. Sie war kein ausgeklügelt Buch, ja sie scheute sich vor klar umrissenen Begriffen, und so verharrte sie lange Zeit in ihrer Weltentrauer. Doch daraus entstand ein starkes Bedürfnis, sich zu „verwesentlichen", sich zu verbessern, „ich meine jetzt nicht im christlichen Sinn, sondern mehr im Nietzscheschen. Das Zufällige, Üble, Dumme aus sich ausjäten und das stärken, was von einem weiteren Gesichtspunkt aus von Wert in uns ist." Und so konnte sie sich auch immer wieder zu weitgespannten Ideen, zu Hoffnungen auf eine Höherentwicklung der Menschheit aufschwingen, die sie bis in ihre letzten tragischen Lebenstage „gegen jeden Augenschein" zäh verteidigte. Nach dem Erleben der Neunten Symphonie hatte sie 1918 geschrieben: „Ja, in der Neunten liegt der Sozialismus in reinster Form. Das ist die Menschheit, die hoch wie eine Rose glüht, ihr tiefster Kelch vom Sonnenlicht durchdrungen." Immer wieder gab sie zu erkennen, daß sie Sozialismus verstand „als ersehnte Bruderschaft der Menschheit". Zuletzt glaubte sie, das Ziel der Menschheit sei, „daß sie aus sich heraus die Gottheit entwickelt, das Geistige". Und in guten Stunden konnte sie die Hoffnung aussprechen, daß „hinter all den Krämpfen, die die Welt jetzt durchmacht, doch schon eine neue Schöpfung sich ankündigt. Und das millionenfach geflossene geliebte Blut, es ist geflossen, um die Menschheit höherzuheben."

Gewiß hat sie das Religiöse, so wie es sich ihr als kirchliches Christentum damals darbot, als Sinngebung abgelehnt — „Ich bin kein religiöser Mensch" —, weil sie unter Religion etwas längst Überholtes verstand. Aber im Briefwechsel mit Artur Bonus, der sich in dieser Beziehung sehr um sie bemühte, schrieb sie: „Bis heute weiß ich nicht, ob die Kraft, die meine Arbeiten hervorgebracht hat, etwas ist, was mit Religion verwandt ist oder gar sie ist. Ich weiß nur, daß es tatsächlich eine Kraft ist oder wenigstens war."

Daß diese Kraft eine Christuskraft war, zeigt ihre innige Liebes- und Mitleidsfähigkeit, die ihre Arbeit impulsierte; ihre tiefe Moralität und ihr Verantwortungsgefühl für die Menschen. Aus der gleichen Quelle kommt auch ihre „neue Idee", die sie immer wieder verkündigte: Die Idee der Bruderschaft der Menschen. Und so starb sie schließlich doch getröstet: „Die Worte aus der Offenbarung wollen mir nicht aus dem Sinn: Es wird kommen ein neuer Himmel und eine neue Erde."

KARL THYLMANN

(1888–1916)

„Liebe, aller Schöpfung Keim,
Liebe sucht die Erde heim,
Daß sie nun ihr Herzschlag bliebe,
Erdengeist ward Christ, die Liebe."

Als der Graphiker und Dichter Karl Thylmann am
29. August 1916 an den Folgen einer vor Verdun emp-
fangenen Verwundung 28jährig starb, wurde ein Künstler vorzeitig abberufen, der gerade dem Höhepunkt seiner Laufbahn zustrebte. Thylmann ist ein Repräsentant
jener jungen Generation von genialen Dichtern, Malern,
Musikern, die nach der Jahrhundertwende größte Erwartungen erweckt und auch erfüllt hatten, um dann im
ersten Weltkrieg geopfert zu werden. Wenn wir heute
Thylmanns Persönlichkeit und Werk erneut betrachten, so
erfüllen wir nicht nur ein Gebot der Pietät gegenüber
einem Künstler, der mit seinem jungen Leben auch die
Hoffnung auf die Entfaltung seiner Begabungen hingab,
sondern es wird damit zugleich auch der Geist einer
Epoche lebendig, die durch die Begriffe „Jugendstil" und
„Expressionismus" gekennzeichnet wird, wenn sich auch
jeder der damals Schaffenden von diesen sich teilweise

überschneidenden Kunstrichtungen nur ganz individuell befruchten ließ. Es liegt uns aber vor allem daran, Karl Thylmann, den wir vielleicht schon kannten und der uns dann ferner gerückt war, noch einmal, losgelöst von den Elementen seines Zeitstils, neu zu erleben und seine kraftvolle feurige Menschlichkeit, die aus dem bildnerischen und dichterischen Werk aufsteigt, unmittelbar auf uns wirken zu lassen. Da in ihm zwei gleichwertig starke Begabungen nebeneinander lebten, haben wir von zwei Seiten her Zeugnisse seines inneren Werdens — die Graphik und die Dichtung. Jedoch ließ ihm das Schicksal für diese zweifache künstlerische Produktion nur einen Schaffensraum von knapp zehn Jahren, und das innere Spüren, nicht viel Zeit zu haben, bewirkte eine außerordentliche Intensivierung und Steigerung seiner Entwicklung. Folgen wir einer Äußerung Max Reuschles: „Die Intensität der Hingabe und die Größe des Gegenstands, an den die Seele und das Ich sich verlieren, scheidet die Menschen, bestimmt die Rangordnung" — so steht nach diesem Maßstab Thylmann in vorderster Reihe der Rangordnung. Daß er inzwischen mehr oder weniger vergessen war, heißt nicht, daß er nicht bedeutend genug war. Wir müssen nur fragen: für wen war er bedeutend? Für die künstlerischen Maßstäbe einer Zeit, die immer stärker von Mode und Sensation dirigiert wird, ist Thylmann wohl nur interessant, insofern er — in seiner frühen Zeit — vom Jugendstil geprägt ist. Aber der Teil seiner Graphik, der die späten Holzschnitte mit ihrer religiösen Thematik umfaßt, wird von der Öffentlichkeit kaum beachtet. Wenn wir über diese Eintags-Urteile hinaus uns bemühen, kulturelle Erscheinungen auf der Waage des Geistes zu wiegen, wenn wir danach fragen, in welchem Maß ein Künstler zum Fortschreiten der Menschheitsentwicklung beitrug, so finden wir in Thylmanns Werk ebenso wie in den Zeugnissen seines inneren Werdens, den Briefen, lebendig wirkende Kräfte, die in diesem Sinne bedeutend sind und für unsere Zeit fruchtbar gemacht werden sollten. Sie bringen die eigenartige Leuchtkraft hervor, die von Thylmanns Bildern und Dichtungen ausgeht, und ergeben eine „Wirkung von ganz erstaunlicher Stärke", wie Kasimir Edschmid schon 1916 anläßlich der ersten Gesamtausstellung urteilte. Er schloß damals seine Ausführungen mit den Worten: „Schält man aus dem Kern dieses fast zarten, aber unerbittlichen künstlerischen Daseins das Wesentliche, so war es eine ungewöhnliche Erscheinung, fast unirdisch in dieser Welt, genau wie der Blick des Auges aus den Selbstbildnissen, das bald fromm, bald streng unter ungewöhnlicher Stirn den visionären Ausdruck nach oben wendet."

*

Karl Thylmann wurde im Jahre 1888 in Darmstadt als Sohn eines Oberlehrers geboren und verlebte dort seine Kindheit und Jugend. Er besuchte das humanistische Gymnasium und erwarb sich — vor allem auch durch eigene Studien — eine umfassende Bildung. Wie es bei

genialen Frühvollendeten meist der Fall ist, mußte sich bei
ihm in ein kurzes Leben von 28 Jahren zeichenhaft alles zu-
sammendrängen, was sich sonst in langen Jahrzehnten
organisch entfalten kann. Wie im Fluge ergriff er alles,
was seine Zeit ihm an geistigen Erscheinungen bot; fast
atemlos durchlief er die vergangenen Kulturen und machte
sich ihren Gehalt zu eigen, vor allem suchte er überall
nach den mystischen Strömungen. Es zeugt von Thylmanns früher spiritueller Reife, daß er schon vom 14. Jahr
an fähig war, in die ostasiatische und indische Welt, vor
allem in die Bhagavadgita, einzutauchen. Vom 16. Jahr an
wandte er sich dem alten Persien zu, vor allem dem per-
sischen Mystiker Dschelâl eddîn Rumi, dessen Gedichte
er aus dem Englischen ins Deutsche übertrug. In diese
persische Zeit seiner Entwicklung schob sich, etwa vom
18. Jahr an, das Studium Ägyptens. Die Inspiration des
ägyptischen Menschen durch die Sternengottheiten suchte
er für sich nachzuerleben vor einer ägyptischen Königs-
statuette, die von einem riesigen Widder umhüllt war.
(Eine späte Metamorphose dieses Erlebnisses schuf er am
Ende seines Lebens in dem vom Adler überragten „Johannes auf Patmos".) Tiefen Eindruck machte auf ihn
das berühmte Wort des Hermes Trismegistos: „Alles ist
oben wie unten", das er mit den Worten interpretierte:
„Kein Unteres kann sich regen, ohne daß sein Oberes sich
ihm entgegenregt. Jedem Geschehnis im Irdischen entspricht ein Vorgang in der geistigen Welt." Diese Wirk-

lichkeit hat Thylmann in seinem Gedicht „Auffahrt"
dichterisch verarbeitet.

Fast gleichzeitig erwachte in ihm der griechische Geist
in Dichtung, Philosophie und Kunst zu voller Lebendig-
keit beim Studium der griechischen Urtexte, die er wie
deutsch lesen konnte. Als äußeres Gegenbild begegnete
ihm in dieser Zeit ein später Nachklang griechischen Le-
bensgefühls im Stefan-George-Kreis, dem er — gemeinsam
mit seinem Lebensfreund, dem Komponisten Wilhelm
Petersen — eine Zeitlang angehörte. Um das 21. Lebens-
jahr ging er zum Mittelalter über, in ein inbrünstiges
Nacherleben der Erfahrungen des Franziskus, des Thomas
von Kempen und der Theologia Deutsch. Intensiv erlebte
er neben der italienischen Kunst vor allem auch Dante
und die italienische Dichtung, von der er einiges meister-
haft übersetzte, um sich dann in die deutsche Kunst, Musik und Dichtung zu versenken. Bei den Romantikern war
er ganz zu Hause, bis er dann in Goethe einmündete, der
für ihn zum Mittelpunkt wurde. Zuletzt beschäftigte er
sich noch mit russischer Dichtung. So glich seine geistige
Entwicklung ungewollt einem Gang durch die Kulturepo-
chen der Menschheit bis in die Gegenwart hinein. Und
da ihm sein ungewöhnliches Gedächtnis erlaubte, die großen Dichtungen der verschiedenen Kulturen auswendig
zu kennen, so lebte er in einer besonderen Art von Gei-
stes-Gegenwart der vergangenen Jahrtausende.

Eine notwendige Ergänzung zu dieser reichen Bildungs-
welt war für Karl Thylmann das Naturerleben in den

Karl Thylmann

hessischen und süddeutschen Wäldern. Mit der gleichen Erlebniskraft, die ihn bei Bach und Bruckner, bei „Faust" und der „Göttlichen Komödie" erglühen ließ, so daß er nach dem Lesen oder Hören schrieb: „Der ganze Geist, die ganze Seele, die ganzen Sinne schwingen in einem beglückenden und veredelnden Rhythmus" — mit der gleichen Intensität erlebte er die Natur. Oft wanderte er tagelang einsam in den Wäldern herum, er schaute mit dem Auge des Malers, er erlebte mit dem Herzen des Liebenden und schilderte mit den Worten des Dichters. „Ich bin wieder in der berauschenden Einsamkeit meines Waldverstecks. Nie in meinem Leben habe ich die Natur so allein mit sich selbst gesehen. Es ist wie etwas immer Gesuchtes, das ich nur für eine Traummöglichkeit gehalten hatte." Eine andere Schilderung: „Als es fast dunkel geworden war und alle Sterne deutlich, stand ich an einem Steinbruch, der ganz still und weiß verschneit dalag... Ich empfand plötzlich ungeheuer stark die Erde als den Leib des Christus in ihrer unsäglichen Schönheit."

Schon früh hatte Karl Thylmann zu zeichnen begonnen, aber da er auf allen Gebieten hervorragend begabt war, achtete man nicht darauf. Sein höchster Wunsch war es, zu malen. Aber bei einer Wanderung, als seine Begleiter vor einer grünen Wiese mit rotem Mohn bewundernd stehen blieben, wo er nichts Besonderes bemerkte, mußte er einsehen, daß er rot-grün-blind war — ein Schicksal, das für ihn einen schweren Lebensverzicht bedeutete und mit dem er sich erst aussöhnen konnte, als er im Holzschnitt die ihm gemäße Ausdrucksmöglichkeit gefunden hatte.

Nach dem Abitur ging Thylmann nach München, um auf den Wunsch seines Vaters Architektur zu studieren. Neben dem Studium übte er sich schon im Aktzeichnen und versuchte sich in allen Techniken der Schwarz-Weiß-Kunst. Bald wurde es deutlich, daß seine Begabung stark genug war, um ein Leben darauf zu gründen. In wenigen Jahren hatte er sich einen Namen als geistvoller und origineller Illustrator gemacht und arbeitete für große Verlage, wie Kurt Wolff und Kiepenheuer. Dort erschien eine Reihe bibliophiler Ausgaben von Gogol, Grabbe, Arnim, E. Th. Hoffmann, Wieland, Bonaventura, die, mit den phantasievollen Graphiken Thylmanns versehen, heute für Sammler zu den kostbaren Seltenheiten gehören. Neben diesen für den Lebensunterhalt notwendigen Arbeiten entstanden — als Ergebnis einer Italienreise — Landschaften, ferner Porträts und manches andere, was seinem eigenen inneren Erleben entstammte, darunter die „Urworte" von Goethe, zu denen er ornamentale Kompositionen schuf*; oder die von persischer Mystik angeregte humorvoll-märchenhafte Gülistan-Mappe*, die er für die Kinder seiner Freunde gezeichnet hatte.

Im Jahre 1912 trat eine Krise ein, da er immer mehr spürte, daß er mit den bisher verwendeten Techniken

* Gülistan-Verlag, Stuttgart.

82

— Radierung und Lithographie — sein eigentliches Wesen doch nicht ganz aussprechen konnte. Die Sehnsucht nach der Farbe quälte ihn damals sehr. In dieser Depression griff er nach der Holzplatte und dem Schnitzmesser, und eine jubelnde Freude erfaßte ihn, als er merkte, daß er damit sein eigenes Element gefunden hatte. Noch einmal gab es eine Krise, aber dann war der große Durchbruch geschehen, und es entstanden die vielen Holzschnitte nach Märchen und biblischen Texten, die Porträts und Landschaften, durch die er in den Jahren nach seinem Tod weithin bekannt wurde.

So bedeutete es für ihn eine jähe Ablähmung seiner schöpferischen Kräfte, als er, jung verheiratet, im Februar 1915 aus glückhaftem Schaffen herausgerissen und zum Kriegsdienst eingezogen wurde — doppelt unerträglich, weil es infolge immer erneut eintretender seltsamer Hindernisse fast 18 Monate dauerte, bis er endlich ins Feld kam. Immer wieder mußten schwere Abschiede von Frau und Kind — insgesamt 23mal! — durchlitten werden, und immer wieder wurde der Ausmarsch verhindert. Thylmann mußte, brennend von künstlerischen Plänen, in diesen langen Monaten seine kostbare Zeit im öden Kasernendienst vergeuden, „widerlich geschunden" von den schlimmsten Typen des deutschen Militärs. Seine fixe Idee wurde „Freiheit". „Die Zeitverliererei ist unausdenkbar! Immer der 19jährige Leutnant... der vor lauter Unreife gar nicht weiß, was er eigentlich tut. Man wird den ganzen Tag herumgehetzt und dabei angeschrien und wie ein Zuchthäusler getrieben. Du hast keine Ahnung, was für Seelenroheit hier sich auszutoben die Macht hat ... Es ist eine Hölle, aber keine grandiose, sondern eine verächtliche." Er kam sich vor „wie ein verstopfter Vulkan, der im nächsten Moment sich selbst in die Luft sprengt".

In dieser Zeit versuchte er, allen Störungen zum Trotz, nachts oder auf der Wachstube zwischen rauchenden und schnarchenden Kameraden die ihn bedrängenden inneren Bilder in gehetzter Eile auf die Platte zu bringen.

> Nun aber stößt mich
> Zorn des Gestirns
> Wieder in das nächtige Netz.
> So will ich inmitten der Qual
> Qualvoll gebären, was ich trunken empfing.

Unter solchen Bedingungen entstand in diesem letzten Jahr eine Fülle von Holzschnitten, an denen Thylmanns Ringen um den Bestand seiner inneren Existenz, sein dramatischer Kampf mit dem Engel abzulesen ist. „Qual", „Abschied Davids von Jonathan", „Simeon", „Kampf mit dem Engel", „Odysseus", „Geißelung Christi", „Die kluge Jungfrau" und andere. Vor allem aber war es ihm durch reale innere Erfahrungen möglich, das heilende und helfende Wirken des Christus darzustellen in Blättern wie „Lazarus", „Christus auf den Wellen", „Christus und der Aussätzige". Sein Leiden betraf ja nichts Geringeres als „die Abtreibung von Lebenskeimen in meinem Schaffen". Und so konnte er einmal schreiben: „In mir rast ein ersticktes Feuer!" Dann kamen wieder Augenblicke tieferer Einsicht, die Bereitschaft, durch das Leiden zu wachsen: „Ich fühle es manchmal fast wie eine Pflicht, durch alles Dunkle und Chaotische mit dem ganzen Bewußtsein hindurch zu müssen, um ein Recht auf Licht zu bekommen. Ich habe immer den Trieb, so oft ich auf einer Insel ruhe, mich in die Brandung zu werfen, als ob es Gott wohlgefälliger wäre, im Strudel ringend aufzublicken, als in Windstille zu meditieren... Befestigtes erschüttere ich selber... In die Unruhe möchte ich mich begeben, um der Ruhe wert zu werden. Es ist mein einziger Trost, daß vielleicht auch diese höllischen Erlebnisse mir zum Besten dienen können."

Dann aber ruft er wieder aus: „Friede um jeden Preis! Es gibt nur eine *Menschheit*, was Preußen und Briten! Ich bin kein Soldat." Dieser Kampf um die Umwandlung seiner leidenschaftlichen Natur findet kurz vor dem endgültigen Ausmarsch eine letzte Steigerung, als er der Verzweiflung nahe ist, weil er sich „wie ein endgültig untergrabener, zerrütteter Mensch" vorkommt. Und wie so oft, liest er in dem geliebten Jakob Böhme, worüber er später schreibt: „Durch den Böhme, den Meister... kam ich in sehr starke Schwingungen. Und ich fühlte genau: eben ist der Anfang von etwas wie eine Verpflichtung, ein Treubund mit Gott, eine Kriegserklärung gegen Satan. Ich war mir meines unhaltbaren Zustands und meiner erschreckenden Wunschnatur mit allen Begierden... sehr bewußt geworden. Und ich begann sofort, jede Regung zu revidieren und stieß auf Schritt und Tritt auf das Gott Entgegengesetzte. Wenn ich die Energie haben sollte, das durchzuhalten, weiß ich aber auch, daß Versuchungen von bisher ungeahnter Stärke an mich herantreten werden. Ich schwebe so zwischen Hoffnung und Entsetzen. Jedenfalls habe ich das doch tröstliche Gefühl, daß Gott anfängt, Ernst mit mir zu machen."

*

Die große Lebenshilfe, die das Schicksal dem so schwer ringenden Künstler schenkte, war die Frau, die ihm von 1912 an zur Seite stand und sein Wesen, seine geistige Entwicklung und sein künstlerisches Schaffen in einzigartiger Weise trug und befruchtete. Zudem gab ihr imaginatives Traumleben ihm die tiefsten Anregungen zum Gestalten. Als 24Jähriger lernte Thylmann die Holländerin Joanna Koops als Schauspielerin in Berlin kennen. Es war wie eine Sternenbegegnung: „Meine Persönlichkeit hat eigentlich erst durch Dich begonnen, sich etwas zu kristallisieren. Ich fühle mich gereinigt in meinem ganzen Wunschleben, seit ich alles zu Deiner Ehre tue." Das gemeinsame Suchen und Wachsen, das in den Briefen spürbar wird, ist ein großes Beispiel, wie die Liebe zweier Menschen eigentlich gemeint ist. „Jede kleinste Erhebung ist mir undenkbar ohne Deine Teilnahme, in allem Höchsten lebst Du. Und an Weihnachten wollen wir daran denken, daß wir uns zu zweit darauf vorbereiten, daß irgendwann einmal auch in uns der Christus geboren wird." Wenn die Liebe in diesem Sinne des gemeinsamen geistigen Strebens angeschaut und geübt wird, dann trägt sie die Elemente in sich, die über den Tod hinausführen, und so konnte er in der Ahnung seines frühen Sterbens schreiben: „Manchmal scheint es mir doch möglich, daß ich falle. Besonders beinahe, wenn ich unsere Liebe ansehe. Ich fühle meine Liebe erst jetzt wahrhaft reif geworden, über den Tod zu triumphieren."

Das gemeinsame große Lebensereignis war für die Liebenden die Anthroposophie, in der sie sich trafen. Durch Rudolf Steiner erkannte Karl Thylmann erst den wahren Sinn des Christentums, und durch ihn wurde ihm die Bibel zum größten Erlebnis seiner Existenz. Nun konnte er auch bewußt den Weg der inneren Schulung gehen, so daß er, der feurige und leidenschaftliche Jünger des Dionysos, fähig wurde, sich zu verwandeln. „Ich bereite mich auf ein Weiterkommen vor. Es gibt so viel Schönes und Großes ... Ich fühle mich mal wieder so zukünftig und so viel weitergekommen innerlich seit kurzer Zeit, zwar nicht an anderen Menschen gemessen — da werde ich ganz demütig klein —, aber an mir selber früher. Es muß so weitergehen mit dem Wachsen."

Diesen Weg der inneren Verwandlung kann man an dem Gedichtband „Die Furt" klarer noch als an den Holzschnitten in allen Phasen verfolgen, da er gleichsam ein Kompendium seiner Entwicklung darstellt. Dieser Band mit seinen kaum 60 Gedichten — die er selber noch zusammengestellt hat — lassen etwas ahnen von dem tiefe-

ren Sinn des ihm auferlegten Lebensverzichtes auf die
Malerei. Denn seine zur Maßlosigkeit neigende Natur,
die sich vielleicht schwelgend an die Welt der Farben hingegeben hätte, wurde nun zur Begrenzung gezwungen, er
mußte seine Kräfte stauen und konnte dadurch vielleicht
seine innere Farbigkeit verwandelt in die von Imagina-
tionen durchsetzte lyrische Sprache ergießen. Der Kundige
erkennt in dem Gang der Gedichte, der Themen, gleichsam das Urbild eines Künstlerlebens, an dessen Beginn
das dreifache Erlebnis steht: die Begegnung mit dem
„glänzenden Wesen", dem höheren Ich, mit dem Becher
Lichts und der schweigenden Verkündigung. Gleichzeitig
aber lockt der Versucher mit dem Becher Bluts, in dessen
Nacht Schöpferschmerz und Rausch glänzen: „Wirf dich
in mein Meer!" Aus der Qual des Hin- und Hergerissen-
seins zwischen beiden Mächten rettet ihn die dritte Kraft,
der Mittelpunkt: „Strahl der Auffahrt — Du!" Da Gott
ihm die Hand reicht, kann die ins Kosmische geweitete
Liebe erlebt werden:

> Mischt die Flamme unsre Seelen,
> Rauscht sie steil im Blauen,
> Erde türmt sich, Sterne tauen,
> Flamme singt im Wirbelwind.

Die ihn tragende Liebeskraft der Frau gibt ihm von
nun an den „Schutz tröstlicher Aureole".

In dem Gedichtband folgt darauf — um nur einige von
den vielfältig differenzierten Stationen des Weges anzu-

deuten — das reale Erleben der Naturgeistigkeit. In der reinen und lebendigen Welt der Wälder lauscht er der „Lustmelodie spielend tätiger Elfenschar", der er zuruft:

Flieht nicht, ihr Beseeler
Dieser lieblichen Klüfte, nicht
Wollt ich euer Ergötzen stören.
Bleibet, ein Liebender
Freut sich eures Wirkens.

Ein völliges Einswerden mit der Erde ist in dem kosmischen Gesang „Mitternacht" erreicht:

Erdwunden weiß ich über Feuern stehen
um mich und in mir.
Abtrünnige Geister lauern hungrig auf Gewalt
um mich und in mir.
Das ewige Leben ruht in sich,
um mich und in mir.

Überall klingt das Einssein mit den Elementen an. Daß Thylmann selbst mit seiner feurigen Begeisterung vor allem dem Feuer zugehört, daß er ihm wesensgleich ist, spricht er im „Traum vom Feuer" aus:

Ich habe mich ins Feuer gegossen.
Feuer ist in mich eingeflossen,
Bin Salamander, im Feuer beschlossen.

Doch schon beginnt das angstvolle Vorauserleben seines Schicksals — „Wo hinaus?" — in den Gedichten „Der

89

Gefallene" und „Sankt Sebastian". In einem „Schrei" will
er sich gegen das Kommende wehren, aber der Christus
geht ihm voran zur Schädelstätte:

> Erkenn dein Leid und lad es
> Dir auf. Der arme Gang
> Zur Schädelstatt ist lang.
> Ich ging ihn und durchdrang
> Das Graun des ganzen Hades.

So sieht er sich — nachdem ihm der Bote mit dem
Speer das Zeichen auf die Stirne schrieb — bestürzt im
Traum „nackt auf das Kreuz gespannt". Der Lebensab-
schnitt „Qual" hat begonnen: „Herr, ich bin am Ende ...
Rette mich vor der Nacht!" Manchmal gibt es Augen-
blicke der Lösung, der Engel neigt sich nieder, und dem
Leidenden entringt sich der Seufzer: „Wann eine ich mich
mir selber?"

Das ganze Wesen dieses reinen Menschen und Künstlers ist nur von dem Trachten erfüllt, aus den Elementen
seines Menschseins den Tempel zu bauen „für die Gestalt, vor der ich bete". Und so werden die äußeren
Kunstwerke, die er erschafft, nur Zeichen am Wege zum
höheren Menschen. Doch der Wahrhaftige erkennt deutlich, wer diesen Weg beständig durchkreuzen will: „Der
Fürst der Wünsche", der ewige Begleiter jedes Künstlers,
schickt seine Boten aus — „und immer wieder wird die
Inbrunst verdunkelt, weil das Geflüster Luzifers mich um-
sehen läßt". Noch einmal wird das ganze Auf und Ab der

Entwicklung durchmessen im „Orgelspiel", jenem Gedicht, das in einzigartiger Weise die innere Dynamik
eines musikalischen Ablaufs mit dem dramatischen Schick-
salsgeschehen verschmilzt. Und aus der gewaltigen Musik
dröhnt ihm das Geschmetter ans Ohr,

Endgültig fordernd. Gib dein Leben hin!

Nachdem Christus als der „Feuerkeim im Basalt" in
großen Weihnachtsgesängen gefeiert und als „Erdengeist"
verkündet ist, erlebt der Dichter noch die Passion und
das Geschehen auf Golgatha mit seinen weltumwandeln-
den Folgen:

All Licht verlosch. Er aber, schon entfahren
Im Blutquell, goß sich siegreich in die Grüfte,
Die Wasser, in die Wurzeln, in die Lüfte,
Glomm schon in Herzen, die noch finster waren.

Nun ist das dionysisch lodernde Feuer in eine stille
Flamme der Anbetung verwandelt, und die Nachtscharen
können dem durch Leiden Geweihten nichts mehr an-
haben. Er empfindet sein Herz nur noch als „Ampel in
kristallner Kathedrale". Im gläsernen Äthermeer darf er
das Sphärensingen hören und die „ewige Antwort" empfangen: „Nun redet ER."

Als Karl Thylmann am 4. August vor Verdun die erste
Feindberührung erlebte, traf ihn ein Granatsplitter ins
Becken, und nach schwerer Operation und qualvollen Lei-
den verschied er am 29. August, nachdem er in tagelan-

gen Entrückungen gewaltige Einblicke in die vergangenen Epochen der Erd- und Menschheitsentwicklung tun durfte. Dann starb er „in vollkommener Demut und Gottselig- keit".

ELSÉARD BOUFFIER

(1858—1947)

Un caractère

> *„Ich bin überwältigt von Hochachtung vor diesem alten, ungebildeten Bauern, der ein Werk vollenden konnte, das würdig der Gottheit ist."*　　　　(Jean Giono)

Es war ein glücklicher „Zufall", daß uns diese Geschichte zu Ohren kam, die wie eine Legende klingt, aber eine wahre Begebenheit ist. Und wenn sie auch nicht, wie die übrigen Kapitel dieses Buches, von einem großen Künstler oder von Helfern kranker oder unglücklicher Menschen handelt, so scheint uns Elséard Bouffier doch gleichberechtigt in diese Reihe zu gehören. Denn während in zwei Weltkriegen französische Städte und Dörfer zerstört, fruchtbare Gebiete niedergewalzt, Wälder verbrannt oder abgeholzt wurden, hat dieser einfache, unbekannte Mann ein Stück erstorbener Erde wieder zum Leben erweckt, und das ist gewiß eine große Tat, die man bewundern kann.

In England gibt es eine Gesellschaft zur Pflege und zum Schutz großer, alleinstehender Bäume *, die irgend-

---

* „The men of the trees".

wo in einer weiten und einsamen Landschaft als letzte Symbole des „alten Albions" verehrt werden. Diese Gesellschaft ernannte im Jahre 1956 den berühmten provençalischen Dichter Jean Giono, der uns viele schöne Naturschilderungen geschenkt hat, zum Ehrenmitglied. Anläßlich dieses Ereignisses wurde eine Festsitzung des Vereins abgehalten, und Giono bedankte sich für die seltene Ehrung mit einer Rede, in der er seine Begegnung mit Elséard Bouffier schilderte, den er „un caractère" nannte. Diese Rede soll hier wiedergegeben werden.*

Es war im Jahre 1913, als der damals noch junge Dichter, der gern in der Einsamkeit wanderte, in jene alte Gegend kam, wo die Alpen sich in die Provence herabsenken. Es ist eine öde, baumlose Landschaft, in der nur dürres Gras und wilder Lavendel wächst. Alles ist dort grau und trostlos, und vergeblich suchte der junge Wanderer nach Wasser. Ein verlassenes Dörfchen mit einem ausgetrockneten Brunnen zeigte an, daß hier einmal Wasser und lebendiges Leben gewesen sein mußte. Einige Häuser standen dachlos und verfallen, dabei eine unbenützte Kapelle mit einem eingestürzten Türmchen — ein heulender Wind tobte durch die zerbrochenen Mauern. Enttäuscht mußte der Dichter weiterziehen. Fünf Stunden lang — immer nur dieselbe Dürre, dieselbe Öde, dasselbe Steppengras. Da, gegen Abend, glaubte er in weiter Ferne einen schwarzen Strich zu sehen, auf den er zuging. Es

---

* Mit Genehmigung des Dichters.

94

war ein aufrecht stehender Mann, ein Schäfer, um den dreißig Schafe auf der heißen, trockenen Erde lagerten.

Der freundliche Mann gab dem erschöpften Wanderer ein wenig aus seiner Feldflasche zu trinken. Und als es vollends Abend geworden war, lud er ihn ein, mit ihm in sein Haus zu kommen, das in einer nahen Mulde lag. Dort hatte er einen tiefen Ziehbrunnen, aus dem er mit einer primitiven Winde ein gutes, frisches Wasser herauf-zog.

Er war ein einsamer Mann, dieser Schäfer, er sprach wenig, aber es strahlte eine eigenartige Sicherheit von ihm aus. Er wohnte nicht in einer Schäferhütte, sondern in einem festen Haus, das er sich offenbar aus den Steinen einer Ruine aufgebaut hatte, mit einem soliden Dach, um das der Wind brauste. Im Innern war es sorgfältig auf-geräumt: Das Geschirr sauber, der Boden gefegt. Auch der Mann war ordentlich gekleidet, sein Hund still und freundlich. Eine Suppe brodelte auf dem Herd, die der Schäfer mit seinem Gast teilte.

Selbstverständlich wurde der junge Giono zum Über-nachten aufgefordert, denn das nächste Dörfchen war eine Tagereise entfernt. Und Giono kannte von früher diese kümmerlichen Unterkünfte, die nur von Holzkohlenbren-nern bewohnt waren. In dem rauhen Klima wohnten die Menschen, auf engen Raum zusammengedrängt, unter dürftigsten Umständen und in ewigem Streit miteinander. Eifersucht wegen jeder Kleinigkeit und übersteigerte Ehr-sucht vergifteten das Leben dieser armen Leute, es gab

Mord und Todschlag, Selbstmord und sogar Ausbrüche von Irrsinn.

Nun saßen die beiden schweigsamen Männer friedlich in der sauberen Stube. Nach der Mahlzeit holte der Schäfer einen Sack mit Eicheln, die er auf den Tisch schüttete, um sie genau zu prüfen und zu sortieren. Giono, der seine Pfeife rauchte, saß dabei und schaute zu, denn seine Hilfe, die er anbot, schien nicht erwünscht. Nach gründlicher Prüfung wählte der Hirte hundert Eicheln aus seinem Vorrat aus. Dann ging man schlafen.

In dem Dichter war nun doch das Interesse für diesen Schäfer erwacht, um den ein so seltsamer Friede waltete. So beschloß er, noch einen Tag zu bleiben, um zu sehen, was aus der Sache würde. Der Schäfer hatte nichts dagegen. Am nächsten Morgen ließ er die Schafe auf die Weide, tauchte den Sack mit den Eicheln in einen Wassereimer, nahm eine Eisenstange als Stock in die Hand, und so zogen die beiden Männer, der alte und der junge, los, auf einen nahe gelegenen Bergrücken. Dort angelangt, stieß der Schäfer seine Eisenstange in die Erde, machte ein Loch und legte eine Eichel hinein. Also das war es: er pflanzte Eichen! Giono fragte, ob ihm das Land gehöre? Nein. Wer denn der Besitzer sei? Das wußte er nicht. Vielleicht eine Gemeinde. Es interessierte ihn nicht. Jedenfalls pflanzte er seine Eichen mit großer Sorgfalt.

Nun begann der Dichter doch ein wenig zu fragen und erfuhr, daß sein Gastgeber bereits seit drei Jahren Bäume pflanzte, 100 000 waren es nun schon. Von diesen hatten

Elséard Bouffier

20 000 gekeimt und davon — so meinte er — werde er vielleicht noch 10 000 durch Nagetiere oder andere Umstände verlieren. Immerhin wuchsen dann 10 000 Bäume, wo vorher nur dürres Gras stand.

Nun begann der Dichter sich doch zu fragen, was denn hier für ein Schicksal vorliege. 55 Jahre alt sei der Schäfer, so erfuhr er. Er heiße Elséard Bouffier. Früher hatte er mit Frau und Sohn im Unterland auf seinem Hof gut und glücklich gelebt. Dann starb der Sohn und später auch die Frau. Bouffier zog es in die Einsamkeit, wo er mit seinen Schafen und dem Hund still und zufrieden lebte.

Aber wenn er ringsum schaute, sah er, wie das Land zugrunde ging, und es war ihm klar, daß nur der Mangel an Bäumen daran schuld war. Und da er selbst keine besondere Aufgabe mehr hatte, beschloß er, diesem Zustand abzuhelfen.

Da Giono trotz seiner Jugend gern allein war, konnte er gut mit einsamen Leuten umgehen. Aber weil er jung war, dachte er auch an die Zukunft. So sagte er zu dem Schäfer, in 30 Jahren würden seine 10 000 Eichen sicher recht schön aussehen. Der aber meinte nur, wenn Gott ihn am Leben lasse, so würde er in diesen 30 Jahren so viel pflanzen, daß diese 10 000 sich daneben wie ein Tropfen im Meer ausnehmen würden. Außerdem studiere er bereits die Fortpflanzung von Buchen, und bei seinem Hause hatte er schon ein Gärtchen mit Buchensetzlingen, die, vor den Schafen durch Draht geschützt, schön und

97

gesund dastanden. Und nun denke er .auch an Birken für die Talmulden, sagte er, da es dort unter der Oberfläche etwas Feuchtigkeit gebe.

Am andern Tag nahm der Dichter Abschied von ihm. Im Jahr darauf kam der Krieg, der ihn für fünf Jahre beschäftigte. Ein Infanterist hat wenig Zeit, an Bäume zu denken. Und im Grunde hatte ihm die Sache keinen so besonderen Eindruck gemacht, es kam ihm mehr wie eine Liebhaberei vor, etwa wie eine Markensammlung. Dann hatte er das Ganze vergessen.

Als der Krieg vorbei war, so erzählt Giono weiter, bekam ich einen kleinen Entlassungsgutschein, und da ich großes Bedürfnis nach frischer Luft hatte, wanderte ich wieder in derselben Gegend. Zuerst erschien mir die Landschaft nicht verändert. Aber jenseits des verlassenen Dorfs sah ich in der Ferne etwas wie einen grauen Nebel, der den Bergrücken wie ein Teppich überzog. Seit gestern dachte ich wieder an den Bäume pflanzenden Schäfer. Und so sagte ich mir: 10 000 Eichen nehmen doch einen beachtlichen Raum ein!

In den fünf Jahren hatte ich so viele Menschen sterben sehen, daß ich vermutete, auch Bouffier wäre inzwischen gestorben, zumal, da man mit zwanzig die 50jährigen schon als alte Leute ansieht, die nur noch sterben können. Er war aber gar nicht tot. Er war sogar außerordentlich lebendig. Er hatte seinen Beruf gewechselt und betreute nur noch vier Schafe, dafür hatte er jetzt hundert Bienenstöcke. Die Schafe hatte er weggegeben, weil sie den jungen Bäumen schadeten. Der Krieg hatte ihn offenbar nicht im mindesten gestört, er hatte geduldig weitergepflanzt.

Die Eichen von 1910 waren jetzt etwa zehn Jahre alt und überragten uns bereits — ein imponierendes Bild! Ich war tatsächlich sprachlos. Und da er auch nichts sagte, gingen wir den ganzen Tag schweigend durch den Wald. In drei Abschnitten betrug er elf Kilometer in der Länge und drei Kilometer in der größten Breite. Wenn man bedenkt, daß das Ganze ohne technische Hilfsmittel, nur aus den Händen und dem Herzen dieses alten Mannes entstanden war, dann wird einem klar, daß der Mensch so schöpferisch werden kann wie Gott.

Bouffier hatte seinen Plan weiter verfolgt. So dehnten sich Buchen, die mir heute bis zur Schulter reichten, soweit ich sehen konnte. Er zeigte mir auch wunderbare Birkenwäldchen, die er 1915 gepflanzt hatte, während ich vor Verdun kämpfte. In allen Tälern, wo er mit Recht Wasser im Untergrund vermutete, hatte er Birken gepflanzt, zart und gesund standen sie da wie junge Mädchen.

Der Schäfer selbst machte sich nicht viel Gedanken, er arbeitete nur ganz konsequent weiter an seinem Werk. Ich aber sah hier die eindrucksvollste Kettenreaktion, die mir je vorgekommen ist: Denn in den trockenen Bachrinnen floß jetzt zum ersten Mal wieder Wasser. Damals, als dort an der Stelle der verfallenen Häuser noch römische Siedlungen standen, konnte man in diesen Bächen sogar Fische fangen, wie die gefundenen Angelhaken zei-

99

gen. Nun begann das Wasser aufs neue zu fließen! Und mit dem Wasser erschienen auch Weidenbäume aus wind-getragenem Samen, kleine Wasserfälle, Wiesen und Gärten mit Blumen. Das Leben bekam wieder einen Sinn. Aber die Verwandlung ging so langsam vor sich, daß sie niemandem auffiel. Zwar hatten Jäger beim Aufstieg in die Wildnis das plötzliche Wachstum kleiner Bäume bemerkt, aber die konnten ja auch eine natürliche Ursache haben. So hatte niemand Bouffiers Arbeit gestört. Hätte man ihn entdeckt, so wäre vielleicht Gegnerschaft entstanden. Aber er war gar nicht zu entdecken. Denn wer in den Dörfern oder bei den Behörden wäre nur auf die Idee gekommen, daß ein Mensch so beharrlich und so hochherzig sein könnte?

Denn um sich nur einen annähernden Begriff von diesem außergewöhnlichen Menschen zu machen, muß man sich vorstellen, daß er in absoluter Einsamkeit arbeitete, so einsam, daß er gegen Ende seines Lebens die Sprache ganz verlor. Oder fand er es nicht mehr nötig zu sprechen?

Im Jahre 1933 kam ein Forstwart zu ihm mit der Weisung, er dürfe ja kein Feuer im Freien anzünden, um das Wachstum dieses „natürlichen" Waldes nicht zu gefährden. Zum ersten Mal, so sagte dieser naive Mann, erlebe man, daß ein Wald ganz von selbst wachse. In dieser Zeit war Bouffier gerade dabei, 12 km von seinem Haus entfernt Buchen zu pflanzen. Um sich die Mühe des Hin- und Rückweges zu sparen — er war jetzt 75 Jahre alt —, dachte er daran, sich eine Hütte am Ort dieser Pflanzung zu bauen, was er im folgenden Jahr auch ausführte.

Im Jahre 1935 kam eine richtige Abordnung von der Regierung, um den „Naturwald" zu inspizieren, mit einem hohen Beamten des Forstdepartements, einem Abgeordneten und einem Agrartechniker. Es wurde viel Unnötiges geredet, und zuletzt beschloß man, es müsse etwas geschehen. Aber zum Glück geschah gar nichts außer dem, was allein notwendig war: der ganze Wald wurde unter Staatsschutz gestellt und das Kohlenbrennen wurde in ihm verboten. Denn es war einfach jeder von der Schönheit dieser jungen gesunden Bäume entzückt, sogar der Abgeordnete.

Unter den Forstbeamten der Delegation war ein guter Freund von mir, dem ich das Wunder erklärte. In der Woche danach besuchten wir gemeinsam Elséard Bouffier, der fest an der Arbeit war — zehn Kilometer von dem Ort der Inspektion entfernt. Dieser Forstmann war nicht umsonst mein Freund, er wußte, um was es im Leben geht. Und er konnte schweigen. Wir nahmen unser Mahl zu dritt ein und verbrachten einige Stunden mit der stillen Betrachtung der Landschaft. In der Richtung, aus der wir gekommen waren, bedeckten 6—7 m hohe Bäume die Hänge. Ich dachte zurück an die Zeit von 1913, da war hier eine Wüste gewesen ... Friedliche, ruhige Arbeit, kräftige Bergluft, Einfachheit und vor allem Heiterkeit des Herzens hatten diesen Greis mit seiner erstaunlichen Gesundheit beschenkt. Er war ein siegreicher Kämpfer

Gottes. Wieviel Hektar würde er wohl noch mit Bäumen bepflanzen?

Diesem Beamten war es zu verdanken, daß nicht nur der Wald, sondern auch der Mann geschützt wurde. Ein einziges Mal tauchte eine ernstere Gefahr während des zweiten Weltkrieges auf. Damals fehlte es an Holz, um die Lastwagen mit Holzgas zu betreiben. Und so fing man an, Bouffiers Eichen zu fällen. Aber der Ort war so weit von der Bahn entfernt, daß der Transport zu teuer wurde. So gab man es wieder auf. Bouffier hatte gar nichts davon gemerkt, denn er arbeitete 30 km davon entfernt ruhig an seinem Pflanzwerk und kümmerte sich nicht um den 39er Krieg, so wenig er sich um den ersten Weltkrieg bekümmert hatte.

Zum letzten Mal sah ich Bouffier im Juni 1945. Er war inzwischen 87 Jahre alt geworden. Wie das allererste Mal kam ich wieder durch das große Ödland. Jetzt fuhr trotz der Nachkriegswirren ein Autobus mitten zwischen dem Durane-Tal und -Berg hindurch. Ich schob es auf die schnelle Fahrt, daß ich die Landschaft nicht mehr recht erkannte, wo ich früher gewandert war. Es schien mir auch, als führe die Straße durch ein ganz anderes Gebiet. Erst als ich den Namen des Dorfes hörte, stellte ich fest, daß ich tatsächlich durch dieselbe Gegend fuhr, die damals aus Trümmern und Wüste bestanden hatte. In Vergon verließ ich den Autobus. 1913 hatte dieser Flecken kaum drei Einwohner, deren Häuser in Brennesseln erstickten und die wie Halbwilde als Fallenjäger lebten, körperlich wie moralisch auf vorsintflutlicher Stufe — ein Zustand jenseits aller Hoffnung. Denn das Warten auf das Ende hat noch selten zur Tugend geführt!

Jetzt war alles verwandelt, sogar die Luft. Statt des scharfen, trockenen Windes blies eine sanfte, duftende Brise. Es rauschte wie Wasser vom Berg her — das war der Wind vom nahen Wald. Am erstaunlichsten aber war es, ein wirkliches Brunnenplätschern zu hören. Da stand der Brunnen — neu erbaut! Ein kräftiger Strahl schoß ins Becken und, was mich am meisten rührte: jemand hatte eine Linde daneben gepflanzt, sie war wohl schon vier Jahre alt und stand in vollem Laub — ein Bild der Auferstehung.

Hier war die Hoffnung wieder erwacht. Die Ruinen waren weggeräumt und fünf Häuser aufgebaut. Der Flekken zählte jetzt 28 Einwohner, darunter vier junge Ehepaare. Die neuen weißen Häuser waren von Gärten umgeben, mit Gemüse und Blumen in Fülle: Kohl und Rosen, Lauch und Löwenmäulchen, Sellerie und Anemonen. Das war jetzt ein Ort, wo man gern wohnen würde. An den unteren Berghängen sah ich Gersten- und Roggenäckerchen und im Grunde der engen Täler grüne Wiesen.

Die ganze Gegend war in so kurzer Zeit wieder aufgeblüht, weil die alten Quellen wieder sprudelten, genährt von den Niederschlägen, die der Wald speichert. Auf jedem Hof flossen die Brunnen über, von Minze umwuchert. Überall sind langsam die Dörfer wieder erstanden. Leute aus der Ebene, wo das Land teuer ist, haben sich hier angesiedelt, und mit ihnen ist Jugend, Bewegung und Unternehmungslust wieder eingekehrt. An den Straßen trifft man zuversichtliche Männer und Frauen, Burschen und Mädchen, die lachen können und gern im Freien sitzen. Wenn man die frühere Bevölkerung dazurechnet — die man heute gar nicht mehr herauskennt, seit sie ein besseres Leben führt — verdanken im ganzen mehr als zehntausend Menschen ihre glückliche Existenz dem Schäfer Elséard Bouffier.

Wenn ich mir vorstelle, so schloß Jean Giono seine Rede, daß ein einziger Mann es nur mit seinen eigenen körperlichen und moralischen Kräften fertiggebracht hat, aus einer Wüste dieses „Gelobte Land" entstehen zu lassen, dann muß ich doch sagen, daß die Menschheit trotz allem Bewunderung verdient. Aber wenn ich mir vor Augen halte, wieviel Standhaftigkeit, Seelengröße und Güte nötig waren, um alles dieses zu erreichen, bin ich überwältigt von Hochachtung vor diesem alten ungebildeten Bauern, der ein Werk vollenden konnte, das der Gottheit würdig ist.

Elséard Bouffier starb friedvoll im Jahre 1947 im Hospiz von Banon.

THOMAS A. DOOLEY

(1927–1961)

> *„Dann erst spüren wir, daß ein höheres*
> *gemeinsames Leben unserem persönlichen*
> *Dasein einen Sinn gibt. Es mahnt uns,*
> *unsere eigene kleine Taschenuhr nach der*
> *Sonnenuhr der Menschheit zu stellen."*

Es gehört zu den höchsten Möglichkeiten des Menschen, daß er sich verwandeln kann, ja seit der Ruf des
Täufers zur Sinneswandlung ertönte, kann der innere Ort
eines Menschen vielleicht daran abgelesen werden, in welchem Maße er bereit ist, seine naturgegebenen Eigen-
schaften und Strebungen im Lichte einer höheren Erkenntnis zu verändern oder zu steigern. Der Dichter
Max Kommerell hat diesen ur-menschlichen Vorgang in
den ihm gebührenden Rang erhoben mit den Worten:

> Sagt jemand: o Leben
> Sagt jemand: nein Tod
> ist es eines und lächeln die Götter.
> Nur ein Wort hören sie ernst:
> Verwandlung.

Diese Verwandlung kann in einem lebenslangen stillen Kampf geschehen oder auch in einem Augenblick, in dem ein schöpferisches Erlebnis einen Menschen veranlaßt, das Ruder plötzlich herumzuwerfen und eine völlig neue Richtung einzuschlagen, in die ihn nichts zwingt als der innere Ruf, den er vernimmt.

Albert Schweitzer ist in unserer Zeit nicht deshalb zu einem weltumspannenden Ideal und Vorbild geworden, weil er theologische Bücher schrieb, Orgelkonzerte gab oder ein guter Arzt war. Sondern allein deshalb, weil er sich in einem bestimmten Augenblick aus einem bedeutenden Wissenschaftler und Künstler in eine moralische Persönlichkeit verwandelte, die alles, was in der zivilisierten Welt Ansehen und Ruhm verleiht, hinter sich ließ, um einen inneren Auftrag zu erfüllen.

Wenn wir den Lebensbericht des jungen amerikanischen Marine-Arztes Thomas A. Dooley * mit einem Blick auf Albert Schweitzer einleiten, so geschieht es nicht zufällig. Dooley hatte von früh auf eine große Verehrung für Schweitzer und begann mit ihm zu korrespondieren. „Aber das größte Erlebnis war mein ... Besuch bei dem großen alten Gentleman. In seiner Person vereinigt er Sensitivität und Kraft, Sanftmut und Majestät." Aus den Gesprächen mit ihm nahm Dooley einige grundsätzliche Gedanken mit, die ihm für seine spätere Arbeit die Richtung gaben. „Eine der wichtigsten Ideen Albert Schweit-

---

* Th. A. Dooley: „Arzt am Bambusvorhang Indochinas", Herder-Verlag.

zers ist die Gemeinschaft aller vom Leiden Gezeichneten ... Zu dieser Gemeinschaft gehört nach Albert Schweitzers Ansicht jeder, der durch Erfahrung gelernt hat, was
körperliche Schmerzen und körperliche Angst bedeuten.
Diese Menschen sind über die ganze Erde verstreut und
durch ein unsichtbares Band miteinander verbunden. Der
Genesene soll jedoch nicht denken, ... daß er sein altes
Leben wieder aufnehmen könne ... er hat jetzt die Pflicht,
anderen im Kampf gegen Schmerzen und Angst bei-
zustehen, ihnen die Hilfe zu bringen, die ihm selber zuteil geworden ist. Albert Schweitzer ist der Überzeugung,
daß wir in die entlegensten Teile der Erde zu den Ärmsten gehen müssen, um dort das zu tun, was getan werden muß — im Namen Gottes und des Menschen." Noch
ein anderes Wort gab Schweitzer dem jungen, begeisterten Mediziner mit: „Die Bedeutung eines Menschen,
Tom, liegt nicht im Ziel, das er erreicht, sondern viel
eher in der leidenschaftlichen Unbeirrbarkeit, mit der er
dieses Ziel zu erreichen sucht."

Mit solchen Gedanken lassen wir uns von Thomas
A. Dooley nach Indochina führen, in einen Abgrund von
Jammer und Not. Und schon werden „Furcht und Mitleid", die im Leser erzeugten uralten Mysterienerlebnisse,
verwandelt im Anschauen der hohen Gestalt des aus
irischem Geschlecht stammenden Amerikaners, weil er
über sich selbst hinauswuchs, um etwas von den Heiler-
kräften zu verwirklichen, deren die Welt immer mehr

bedürfen wird. Mit Spannung verfolgen wir das einzigartige Schicksal des jungen Mediziners, das uns deshalb so tief anrührt, weil es nicht von außen als etwas „Fremdes" über ihn verhängt, sondern in freiem Wollen von ihm ergriffen wurde.

Betrachten wir ein frühes Bild des lebensfrohen, frischen 28jährigen Tom Dooley im Verhältnis zu seinem späteren Leidensantlitz, so verrät es noch kaum etwas von den Möglichkeiten, die in ihm verborgen waren. Deshalb ist es verständlich, daß seine Professoren dem schneidigen jungen Mann eine große Karriere als Modearzt reicher Leute voraussagten. Da wurde ihm im Jahre 1954 als Abschluß eines zweijährigen Auslandskommandos die Aufgabe übertragen, die Evakuierung der flüchtenden Bevölkerung Nordvietnams nach Südvietnam ärztlich zu überwachen. „Ein unerfahrener Grünschnabel, der in seinem Beruf noch nicht trocken hinter den Ohren war", wie er von sich sagte, mußte plötzlich ein Zeltlager für 15 000 Flüchtlinge mit allen hygienischen Einrichtungen und der dazugehörigen Verwaltung aus dem Boden stampfen — zuletzt waren es drei Lager für insgesamt 30 000 — für immer neue, verzweifelte, verhungerte, erschöpfte, verschmutzte, kranke Menschen, die für das Recht, ihre Religion auszuüben, Schlimmstes erduldet hatten, die sich aber nur mit Angst und Mißtrauen der amerikanischen Hilfe anvertrauten, die sie mit Schiffen von Haiphong nach Südvietnam transportieren wollte. Hunderttausende mußten durch die primitiven Lager geschleust werden, in denen Seuchen und anfangs auch Aufsässigkeiten drohten. 14—15 Stunden am Tag hält der junge Doktor Sprechstunden und lernt in kurzer Zeit mehr von Tropenkrankheiten als während seines ganzen Studiums. Auch er ist erschöpft und in seinen Tiefen erschüttert von dem Elend, das er hier sieht. Aber er hat keine Zeit, an sich zu denken; nur nachts, wenn er sich schlaflos in seinem engen, verschwitzten Bett wälzt, fragt er sich in seiner burschikosen Art: „Was, zum Teufel, habe ich hier verloren?" Jeden Monat wird ihm von den Vorgesetzten die Rückkehr nahegelegt, aber er bleibt freiwillig in der Tropenhölle, weil er einen inneren Auftrag vernimmt, ja er fürchtet schließlich seine Ablösung, denn sein Nachfolger könnte womöglich nicht so mit den Nöten der Flüchtlinge fühlen wie er: „Wie, wenn er durch die Lumpen und Wunden und den Gestank hindurch nicht die Seele Vietnams spürt, die ich eben zu erahnen beginne?" Angesichts der vielen Tausenden von leidenden Menschen fühlt er sich getrieben und gepeitscht, immer noch mehr zu tun, und schließlich quält ihn eine Art von Schuldkomplex, nie genug getan zu haben. Obwohl er selbst immer wieder Malariaanfälle, schlimme Hautausschläge und andere Krankheiten zu uberwinden hat, versucht er, die Lager soviel wie möglich zu verbessern. Jeden Morgen läßt er für 15 000 Menschen die Messe lesen, er organisiert Hilfsaktionen in Amerika, und aus der Heimat strömen ganze Ladungen von Medikamenten, Kleidung und Nahrungsmitteln herüber, die für ihn gesammelt werden, denn er wird allmählich eine bekannte Persönlichkeit. Und da er trotz aller Arbeit noch mit eisernem Fleiß die Sprache des Landes erlernt, um sich wenigstens notdürftig mit seinen Patienten unterhalten zu können, beginnen die Eingeborenen, ihren Doktor zu lieben. Vor allem die Seelen der Kinder gewinnt er, die so Furchtbares erlitten haben. „Manche konnte selbst ein abgebrühter Arzt nur voller Mitleid betrachten ... über viele breitete Gott den sanften Schleier des Vergessens ... Immer lächelten unsere Kinder. Sie liebten und wurden geliebt." Als nach neun Monaten der Flüchtlingsstrom versiegte, wurde Dooley sich rückblickend klar, daß er das alles getan hatte, „um das Leiden vielleicht ein wenig zu lindern und so eine Spur von jener Menschenwürde zu retten, von der wir glauben, daß sie in der Nähe der Engel ihre Heimat hat." Er war so weit gekommen, daß er sich einfach mit den Leidenden „identifizierte". Dabei hatte er in der Zusammenarbeit mit den Marinekameraden „einiges über die wahre Natur des Menschen gelernt. Ich ahnte etwas von dem Geheimnis, das aus rauhen, angeberischen Matrosen rührende Pfleger für Kranke, Säuglinge und Sterbende macht und erfuhr, daß ... Leiden schwachen Menschen höchste Standhaftigkeit verleihen ... und den göttlichen Funken, der im Bescheidensten von uns glüht, nicht auslöschen können."

„Ich darf das, was ich gesehen und erlebt habe, nicht vergessen, sagte ich zu mir, ich muß alles frisch im Gedächtnis bewahren und es im Geist immer wieder prüfen. Es muß in meinem zukünftigen Leben seinen Sinn offenbaren, den ich jetzt nur dunkel ahne."

*

Mit dem Abschluß dieses Samariterdienstes, den er noch bewußt als Amerikaner im Dienst der Entwicklungshilfe leistete, trat für Dr. Dooley die große Lebensentscheidung ein. Was er bisher tat, lag noch im Rahmen eines beruflichen „Auftrags". Nun aber setzte sein Handeln aus der Freiheit seines individuellen Ich ein. Er war Zeuge gewesen, wie das Wort „Alle Menschen sind Brüder", in die Tat umgesetzt, auf die Seelen der Ärmsten gewirkt hatte. „Für mich war diese Erfahrung wie das blendende Licht einer Offenbarung." Damit änderte sich für ihn alles von Grund auf. „Ich predigte meinen Freunden so leidenschaftlich, daß sie meiner überdrüssig wurden. ,Dooley', sagten sie, ,du hast wahrhaftig genug Abenteuer erlebt. Wann wirst du endlich ins normale Leben zurückkehren?' Meine Mutter erinnerte mich an alle die Dinge, die ich mir immer gewünscht hatte und die jetzt zum Greifen nah vor mir lagen: ein Heim, eine Frau, Kinder, eine gutgehende ärztliche Praxis, vielleicht sogar ein paar Pferde ... Wie sollte ich ihnen klarmachen und sie davon überzeugen, daß sich für mich alles von Grund auf verändert hatte und ich mein früheres Leben nie wieder würde aufnehmen können?"

Albert Schweitzers Idee von der Gemeinschaft der Leidenden hatte in Dooleys Denken immer mehr Raum eingenommen. Er war wie besessen von dem Plan, mit einem
kleinen Team medizinisch helfender Menschen in Südost-
asien zu arbeiten. In sieben Monaten sammelte er in
Amerika durch Bücher und Vorträge das notwendige
Geld, und auf seine Bitten bekam er von pharmazeuti-
schen Fabriken große Mengen von Medikamenten und
tropenärztlichen Ausrüstungsgegenständen. Seine Rück-
reise nach Asien unterbrach er auf den Philippinen, um
mit den Gründern der Station „Brotherhood" Kontakt
aufzunehmen. Von ihnen hatte er die Idee eines von
Kirche und Staat unabhängigen ärztlichen Dienstes für
unterentwickelte Völker übernommen und wollte von
ihnen noch viel für seine Aufgabe lernen. Dort traf er
sich auch mit seinem Team, drei zuverlässigen, begeisterten jungen Leuten, und flog mit ihnen gemeinsam nach
Laos, wo er sich einen Ort für seine erste ärztliche Station ausgesucht hatte. So begann er im Juli 1956, in
einem Dschungeldorf im mittleren Laos, ein kleines Ho-
spital aufzubauen — „eine kleine Kapelle der Nächsten-
liebe". Nun war er nicht mehr Vertreter der nationalen
Entwicklungshilfe, sondern ein Bruder leidender Menschen. Der Krankheitsstand der dortigen Urwaldbevölke-
rung überstieg seine düstersten Erwartungen. Furchtbare
Verletzungen, Verkrüppelungen, Malaria, Aussatz, ver-
eiterte Wunden, Keuchhusten, Tuberkulose, Tumoren —
alles noch gesteigert durch Schmutz, Unwissenheit und

Thomas A. Dooley
mit sterbendem Mann vom Stamm der Mao

Aberglauben, wüteten unter den Menschen. Dooley, dessen Aufenthalt an den verschiedenen Orten jeweils nur von begrenzter Dauer sein konnte, übersah bald, daß neben einer umfassenden ärztlichen Versorgung die Aufklärung im Vordergrund stehen müsse. So richtete er als erstes Kurse über Ernährung, Hygiene und vor allem über Geburtshilfe und Säuglingspflege ein, da unter solchen Verhältnissen im Durchschnitt nur die Hälfte aller Schwangerschaften ausgetragen wurden und von den Geborenen infolge falscher Behandlung wiederum nur knapp die Hälfte am Leben blieb. Außerdem ging jede fünfte Mutter im Wochenbett zugrunde. Die Ausbildung von zuverlässigen Hebammen wurde eines seiner dringlichsten Anliegen. Von den Hebammen im Ort wählte er die jüngeren aus, machte sie mit den Grundsätzen moderner aseptischer Geburtshilfe bekannt und lehrte sie, nach der Geburt richtig für die Mutter zu sorgen. „Nachdem jedes Mädchen unter unserer Aufsicht 25 Mütter entbunden und seine Eignung bewiesen hatte, bekam es im Rahmen einer kleinen Feier sein Hebammendiplom und ein Hebammenköfferchen überreicht... Diese prachtvollen jungen Frauen, ausgerüstet mit ihrem Köfferchen und streng gebunden an moderne aseptische Grundsätze, milderten in diesem Teil des Landes viele der uralten Schrecken, die in Asien mit Geburt und Wochenbett verbunden sind."

Die allgemeinen Sprechstunden wurden vor allen Kranken abgehalten, damit sie durch die von Erklärungen be-

gleitete Anschauung lernen sollten, Krankheiten zu verhüten. Geeignete Eingeborene wurden zu Pflegern ausgebildet, die später die Versorgung des Dorfes übernehmen
konnten. Was Dooley und seine tapferen jungen Helfer
in dieser von Schlangen, wilden Ebern und giftigem Un-
geziefer, Ratten und Schwärmen von Fledermäusen be-
drohten einsamen Tropenexistenz, mit eintöniger Büch-
sen-Ernährung und im Kampf gegen Malaria und
Dysenterie in den eigenen Reihen, in dem zermürbenden
Sprachenchaos inmitten der schmutzigen, stinkenden Eingeborenen ausgestanden haben, ist nicht auszudenken.
Dooley aber sah in diesen hilflosen, meist sanften Wesen
„einfach Menschen in ihrer Niedrigkeit und Herrlichkeit,
er fand den Sinn seines Lebens darin, ihnen zu helfen.
Die Liebe zu diesen hilflosen großen Kindern, die von
einer rührenden Standhaftigkeit und Geduld waren und
nach ihrer Heilung selbst zu Helfern und ergebe-
nen Freunden wurden, überwand den Ekel, die Angst,
die Verzweiflung und das Heimweh. Dooley findet nicht
genug Worte des Lobes für seine amerikanischen Mitarbeiter, die zu ihm kamen, einfach „um Menschen zu
helfen, die nicht so glücklich sind wie wir, angehende
Mediziner oder auch nur praktische, baumstarke Jungens,
die mit Geschick alle Arbeiten verrichteten — bauen, an-
streichen, putzen, kochen —, die aber auch lernten, Wunden zu reinigen, zu verbinden und Spritzen zu geben. Als
er sie lehren wollte, daß jeder einzelne Mensch wichtig
als *Mensch* sei, merkte er, daß sie das längst praktizier-

ten. „Die Patienten badeten in Wohlwollen ... Earl behandelt sie alle wie königliche Hoheiten." Sie besänftigten die ängstlichen Kinder, halfen den Alten und trösteten die Leidenden. Und er bewunderte ihren Gleichmut, mit dem sie seine eigenen Schwächen ertrugen: sein reizbares, aufbrausendes irisches Temperament, das ihm schon in seiner Studienzeit den Namen „brennender Busch" eingetragen hatte. „Sie sind bei mir in einer harten Schule, ich fürchte sogar, Dooley ist manchmal ein richtiger Tyrann!" Der „andere" Dooley aber findet als frommer Katholik in der Stille der Nacht die Zeit, das Vaterunser zu sprechen. Es „waren die einzigen Minuten, die mich von mir selbst erlösten und mir eine tiefe innere Ruhe schenkten."

Schwierig war der Kampf gegen die allmächtigen Medizinmänner, die eine magische Gewalt über die unwissenden Menschen ausübten und als furchtbare Gegner der jungen Mediziner auftraten. Niemand hatte bisher die Macht ihrer Praktiken und Zaubersprüche in Frage gestellt. Nun wurde die kindliche Bevölkerung zwischen Magie und moderner Medizin hin- und hergerissen. Dooley aber war so weise, sich mit ihnen zu vertragen und sie als „Kollegen der Heilkunst" zu behandeln. Er hörte mit seinen Freunden den Darlegungen eines solchen Medizinmannes ehrerbietig zu, wenn er über die Wirkung von Betelnuß, Holzsplittern, Schweinefett, Pavianblut, Kuhdung und Geisterbeschwörung sprach, und erklärte ihm dann, daß sie ja nur verschiedene medizinische Rich-

115

tungen verträten, daß sie aber gegenseitig voneinander lernen und zusammenarbeiten wollten. So ließen sie ihn zusätzlich farbige Binden um ein Glied wickeln und dergleichen und vor allem seine Geister beschwören. Dann traten sie ihm die Hälfte ihres „Honorars" ab, das in Kokosnüssen bestand. Der alte Zauberer aber fühlte sich geschmeichelt und „wurde unser dicker Freund".

Das einzigartige Team wünschte nichts sehnlicher, als ein Teil der Dorfgemeinschaft zu werden, und so gab es manchmal ein fröhliches Kinderfest mit Wettlauf, Springen, Spielen und Preisverteilung. Oder man feierte mit den neuen Freunden deren Feiertage mit. Dann würgten die verwöhnten Amerikaner mit Selbstüberwindung etwas von den „festlichen" Speisen herunter, wie Schweinepfoten, Fledermausflügel, geröstete Käfer oder abgekochte Baumrinde.

Als Dooley innerhalb von 16 Monaten dreimal in verschiedenen Gegenden von Laos unter übermenschlichen Strapazen eine solche ärztliche Station aufgebaut hatte — zuerst aus eigenen Mitteln, später mit Unterstützung der laotischen Regierung — war er schließlich erdrückt von der Erkenntnis, daß er trotz aller Selbsthingabe nur einen winzigen Bruchteil des überwältigenden Elends erreichen und lindern konnte. So entschloß er sich, nach Amerika zurückzukehren und nach anderen Wegen der Hilfe zu suchen. Über seine Gedanken beim Abschied von der letzten Station berichtet er: „Sie waren über mein Fortgehen traurig, aber die Kinder lächelten wie immer

116

... sogar aus der Tiefe ihres Elends lächelten diese Kleinen... Ich wollte den Amerikanern von Laos erzählen
und von meiner Erfahrung, daß der Abgrund, der uns
von den Entwicklungsländern trennt, durch eine unsicht-
bare Brücke zu überwinden ist. Ihr tragendes Fundament,
ihr Baumaterial sind Mitgefühl und Menschlichkeit. Nirgends war ich so glücklich wie in diesem Land ohne Ver-
kehrsmittel..., ohne Zivilisationsgüter. Denn dem
menschlichen Geist und der menschlichen Hilfskraft sind
nirgends Grenzen gesetzt, erst recht nicht dort, wo weniger Glückliche leben als wir. Ich wollte den Amerikanern
beweisen, daß wir über — ach so wenig — Fähigkeiten
verfügen, die stärker wirken als Bomben und Panzer:
über die verwandelnde Kraft der Güte, die Unglück und
Tragödien erleichtern hilft." Und zum Schluß heißt es:
„Die Maschine startete. In der Luft drehte sich der französische Pilot um: ‚Ils vous aiment bien.' Ja, ich glaube,
auch sie liebten mich."

In Amerika entstand aus einer Begegnung Dooleys mit
dem bedeutenden Mediziner Dr. Comanduras der Entschluß, eine große Organisation, die „Medico", ins Leben
zu rufen, die weder politisch noch religiös gebunden war,
deren finanzieller Rückhalt aber eine weit wirksamere
Hilfeleistung erlaubte. „Was uns vorschwebt, ist ein rein
ärztliches Wirken im Sinne des Heilens und Helfens."
Für die beiden Verbündeten war Albert Schweitzers Idee
der Brüderlichkeit die Grundlage ihres Denkens und Handelns. Nun galt es wiederum, durch Vorträge die Öffent-

117

lichkeit für dieses Werk zu gewinnen. Dooleys hohe Intelligenz, sein feuriges Temperament, sein irischer Witz und Charme gaben ihm eine mitreißende Überzeugungskraft, so daß ihm das Geld zuströmte. Schon damals, als er Mitarbeiter für seine dritte Station in Laos suchte, hatten sich über 600 gemeldet, jetzt waren es Tausende.

Aber dann griff das Schicksal hart zu. Eine Verletzung an der Brust, die Dooley sich auf einer Fahrt zu Kranken im Dschungel zugezogen hatte, wuchs sich zu einem Tumor aus, den er nicht beachtete. Als es schon fast zu spät war, brachte eine Operation in New York noch einen Aufschub von einem Jahr. Mit dem kleinen Flugzeug, das man ihm schenkte, flog er von einer Medico-Station zur anderen, um noch mit letzter Kraft zu helfen, zu raten, zu operieren. Das Wort Albert Schweitzers von der „Gemeinschaft der durch Leiden Gezeichneten", die ihn so lange begleitet hatte, gewann nun eine ganz persönliche Bedeutung für ihn: „Vielleicht konnte ich jetzt, selbst der Gemeinschaft der durch Leiden Gezeichneten angehörend, in einem höheren Sinn selbstlos und gütig sein?"

Noch organisierte er ein Hilfswerk für Tibetflüchtlinge in Indien, er hielt Vorträge, bewältigte eine riesige Korrespondenz und reiste unter Qualen ruhelos von einer Hilfsstation zur anderen. Bis der völlig zerstörte Körper des 34Jährigen versagte.

Der Geist dieses Mannes leuchtet am reinsten aus der Weihnachtsbotschaft, die er noch im Dschungel auf ein Tonband sprach, das später über alle amerikanischen Sender lief:

„Das Weihnachtsfest zu feiern, ist ein wunderschöner Brauch, aber noch viel wichtiger ist es, den Weihnachtsgeist das ganze Jahr hindurch lebendig zu erhalten." Und er fragte seine Hörer: „Bist du fähig ... zu vergessen, was die Welt dir schuldet, um um so gewissenhafter das zu tun, was du der Welt schuldest? ... Bist du bereit, anzuerkennen, daß wahrscheinlich der einzige Sinn deines Lebens darin besteht, mehr zu geben als zu nehmen? ... Dann erst spüren wir, daß ein höheres gemeinsames Leben unserem persönlichen Dasein einen Sinn gibt. Er mahnt uns, unsere eigene kleine Taschenuhr nach der Sonnenuhr der Menschheit zu stellen." Und Dooley verkündete den Hörern die von ihm mit seinem Lebensblut bezahlte ewige Botschaft, daß die Liebe die stärkste Kraft auf Erden ist, „stärker als der Haß, stärker als alles Böse, stärker als der Tod".

Das war Thomas Dooley, ein moderner Märtyrer, der sich als ein Beispiel für viele dem Ansturm des Leidens und des Nichtwissens entgegenstellte, damit das Gute bestehen könne.

DAVID WILKERSON

„Dein Leben kann verwandelt werden."

Wenn wir mit Sorge und Bedrückung die äußere Not und die seelisch-sittliche Verwahrlosung und Ratlosigkeit in aller Welt immer weiter steigen sehen, so dürfen wir auf der anderen Seite auch mit Dankbarkeit wahrnehmen, daß durch diese Not in unzähligen Zeitgenossen der Wille zum Helfen in einem ungewöhnlichen Maß ausgelöst wird. Da stehen Menschen auf, die, angeregt durch ein großes Vorbild oder aus einer plötzlichen inneren Eingebung, ihre ganze Existenz einsetzen, um den Unglücklichen zu helfen. Und wenn das Elend meist von anonymen Gewalten verursacht wird, so steht auf der anderen Seite immer die Einzelpersönlichkeit, die, offensichtlich zum Werkzeug höherer Mächte erwählt, durch ihren inneren Auftrag über sich selbst hinauswächst, unverwechselbar in ihrer besonderen Individualität und zugleich Repräsentant der höchsten irdischen Gattung, des *Menschen*.

Da sitzt in Philipsburg, einer kleinen Stadt in Pennsylvanien, David Wilkerson, Pfarrer der Pfingstgemeinde, jede Nacht von 12 bis 2 Uhr vor dem Fernsehschirm, um sich über das zu orientieren, was seine Gemeindeglieder täglich in sich aufnehmen. In einer solchen Nacht kommt ihm der Gedanke, was wohl geschehen würde, wenn er den Apparat verkaufen und diese beiden Stunden im Gebet verbringen würde. Und er macht — wie Gideon — ein Zeichen mit Gott aus, um seinen Willen klar zu erkennen. Als das Zeichen eintritt, ist für ihn die Sache entschieden. Er verbringt nun die beiden Mitternachtsstunden ständig mit Gebet und Bibelstudium. Da geschieht es einmal, daß er sich gedrängt fühlt, die Zeitschrift „Life" in die Hand zu nehmen, und sieht darin das Bild eines Jungen, der mit anderen zusammen vor Gericht steht — die Bande hatte in einem Park von New York aus reiner Langeweile einen 15jährigen Poliogelähmten umgebracht. Beim Anblick dieses Gesichtes bricht der Pfarrer in Tränen aus, „als mir plötzlich der Gedanke in den Kopf sprang — so kristallklar wie von anderswo hergekommen: Geh nach New York und hilf diesen Jungen!"

Es kann hier nur angedeutet werden, wie es ihm in New York nicht gelingt, zu den Gefangenen durchzudringen, wie er aber bei einem ungeschickten Versuch, den Richter bei der Verhandlung zu sprechen, von der Polizei verhaftet und später wieder freigelassen wird. Es gibt eine kleine Sensation, die von der Presse gierig aufgegriffen wird. Und, nach Hause zurückgekehrt, muß er zu seiner Beschämung feststellen, daß sein Bild bereits in allen Zeitungen erschienen ist. Nach diesem offensichtlichen Mißerfolg befiehlt ihm die innere Stimme, wiederum nach New York zu fahren. Diesmal wird er in einem gefährlichen Stadtteil von streunenden Jungen als der erkannt, der von der verhaßten Polizei gefangen worden war und „das war bei diesen Jungen das Zauberwort... Wir saßen in einem Boot." Damit beginnt David Wilkersons erstaunliche und dramatische Tätigkeit in den schlimmsten Slums von New York. Seine jungen „Freunde" verschaffen ihm Zutritt zu den schrecklichen Lasterhöhlen der Jugendlichen, deren verwüstetes Aussehen ihm einen Begriff gibt von dem, was ihn hier erwartet. Als er ihnen sagt, daß Gott höhere Hoffnungen für sie habe als Wodka und Sex und daß er ihnen zu einem neuen Leben verhelfen wolle, ruft ein Junge: „Weiter, Prediger! Du stößt durch." Er hätte diesen Keller nach einer halben Stunde mit dem Gefühl der Ermutigung verlassen, wenn er hier nicht seine erste Begegnung mit dem Rauschgift gehabt hätte. Denn die Präsidentin einer Mädchenbande unterbrach ihn mit den Worten: „Mir kann Gott nicht helfen, Davie. Mir nicht!" „Warum nicht auch dir, Maria?" „Ich bin ein *mainliner**. Für mich gibts keine Hoffnung, nicht einmal von Gott." Damit ist das große Thema angeschlagen, das in den kommenden Jahren die Arbeit des Predigers Wilkerson in allen Variationen der Verzweiflung durchtönen soll.

Er fährt nun monatelang jede Woche einmal nach New York — je acht Stunden hin und zurück! — nur um einen Nachmittag und eine Nacht seine Erkundungsgänge zu machen und mit den Banden in Kontakt zu bleiben. „Das

---

* Der Süchtige, der Heroin unmittelbar in die Blutbahn spritzt.

waren keine müßigen Streifzüge. Nie verließ mich das Gefühl, durch eine andere Absicht als die meine geführt zu werden, obgleich ihr Wesen mir geheimnisvoller erschien als je." Er studiert die Psyche dieser jungen Menschen, indem er sich mit den gutwilligsten von ihnen unterhält. „ ‚Angelo', fragte ich ihn eines Tages, ‚was würdest du sagen, was das größte Problem der Jungen dieser Stadt ist?' ‚Einsamkeit', sagte Angelo prompt. Das war eine seltsame Antwort: Einsamkeit in einer Stadt von acht Millionen Einwohnern. Doch Angelo sagte, das Gefühl komme daher, daß niemand einen liebe, und er meinte, daß alle die Freunde, die er in den Banden habe, im Grunde sehr einsam seien."

Wir würden die Mittel primitiv finden, mit denen Wilkerson seine Mission beginnt. Im Stil der Heilsarmee spielt sein Begleiter an einer Straßenecke auf der Posaune ein frommes Lied, bis die Jugend aus allen Winkeln hervorkommt. Natürlich machen sie ihn lächerlich, manche bedrohen ihn auch, und er kommt nicht zu Wort. Doch er wartet, betet still um Hilfe, dann wird es ruhig, und er liest einen Text aus dem Johannes-Evangelium. „Ich sagte ihnen, daß Gott sie liebt, gerade so wie sie da sind ... Er weiß, daß manche von ihnen gemordet haben. Gott sieht aber nicht nur, was sie in der Vergangenheit gewesen sind. Er sieht auch, was sie in der Zukunft sein werden." Auf seine Aufforderung tritt nach einigem Zögern der „Präsident" der Bande, der „Vizepräsident" und seine beiden „Kriegslords" vor: „Du bist

123

in Ordnung, Prediger, du hast mich wirklich angeschlagen." Auf eine weitere Aufforderung knien die vier harten Bandenhelden auf der Straße nieder, nehmen die Hüte ab und lassen es zu, daß der Prediger über ihnen betet. Dann verlassen sie still den Kreis, ohne sich um die Anpöbelungen der andern zu kümmern. Viel später sollte Wilkerson ihnen wieder begegnen. Sie hatten ein neues Leben begonnen und bewährten sich in ihrem Beruf.

Im Mittelpunkt der Schilderungen steht die vor einer Gemeinde erzählte Selbstbiographie eines solchen „schweren Jungen", die wichtigste Aufschlüsse zur heutigen Jugendpsychologie gibt. Da entwickelte sich in Nicky durch die Summierung von Wohnungselend und mangelnder elterlicher Fürsorge ein krankhafter Trieb zur Grausamkeit, der ihn in eine berüchtigte Bande trieb. Während er sich zu Hause als der Jüngste unterdrückt fühlte, war er hier der große Held. Er lernte, mit dem Messer zu stechen, ohne zu töten. „Ich stach sechzehn Leute und ich war zwölfmal im Gefängnis ... Wenn ich die Straße entlang ging ... riefen die Mütter nach ihren kleinen Kindern." So wird Nicky immer wieder in blutige Kämpfe verwickelt. Längst hatten sich seine Eltern von ihm getrennt, um nicht ständig mit der Polizei in Konflikt zu kommen. Er lebt allein in einem Zimmer. Tagsüber treibt er sich mit seiner Bande herum und verschafft sich mit der drohend erhobenen Pistole das Geld, das er zum Leben braucht. Nachts aber tauchen die Gesichter der Toten, die er in den Kämpfen gesehen hatte, vor ihm auf. Er schlägt mit dem Kopf auf den Boden, um nicht an sie denken zu müssen, und weint nach seiner Mutter. So sinkt er Stufe um Stufe, es wechseln in ihm Wut mit Haß und Verzweiflung. Bis er zufällig dazukommt, wie der Pfarrer, „der knochige Bursche", auf der Straße auf einen Stuhl steigt und aus einem Buch vorliest: „Also hat Gott die Welt geliebt, daß er den eingeborenen Sohn gab, damit jeder, der auf ihn vertraut, nicht verlorengeht." Zunächst rührt ihn das wenig, und es bedarf noch einiger dramatischer Ereignisse, bis schließlich der Pfarrer das erlösende Wort zu ihm sagt: „Dein Leben kann verwandelt werden." „Dann ging ich nach Hause und war gespannt, ob der heilige Geist wohl wirklich in mir war und wie ich das merken würde. Das erste war, was geschah, als ich in mein Zimmer kam und die Tür zumachte: ich hatte keine Angst mehr. Mir war, als hätte ich im Zimmer Gesellschaft — nicht Gott oder so jemand, sondern ich hatte ein Gefühl, wie wenn meine Mutter zurückgekommen wäre." Eine weitere Folge seiner Verwandlung, die ihn sicher machte: die kleinen Kinder, die sonst immer das Weite vor ihm suchten, kamen vertraulich zu ihm. (Dieser gleiche Nicky war es, der nach seiner Ausbildung zum Evangelisten sich mit seiner jungen Frau Gloria wieder bei Wilkerson meldete. Er übernahm eine Arbeit in den Elternhäusern der jungen Leute, und Gloria begann mit der Fürsorge für die kleinen Kinder, die davor geschützt werden sollten, in den Banden ihre Heimat zu finden.)

125

Inzwischen war es Wilkerson und seiner tapferen Frau klargeworden, daß sie ihre behagliche Existenz in Philipsburg aufgeben und ganz nach New York übersiedeln müßten. Die erstaunlichen Erfolge, die schon jetzt zu verzeichnen waren, veranlaßten einige andere Pfarrer der Pfingstgemeinde, die Arbeit mit ihm zu organisieren, die „Teen-Age-Evangelism" genannt wurde. Wilkerson konnte nun, wenn auch unter ärmlichsten Umständen, aber doch von anderen Menschen getragen, erst richtig beginnen, seine „Idee" zu verwirklichen: daß die jungen Menschen das Leben von vorn beginnen dürften mit der frischen, unschuldigen Persönlichkeit eines neugeborenen Kindes, nur daß sie diesmal beim Heranwachsen statt von Furcht und Haß — von Liebe umgeben sein sollten. In ein Haus sollten die Neugewordenen kommen können, „in dem sie willkommen wären — willkommen und geliebt". Dieses Haus, mitten in der schlimmsten Gegend des spanischen Harlem, wurde gefunden und für 52 000 Dollar gekauft — mit einem Kontostand von 100 Dollar. Die Anzahlung wurde durch eine Sammlung aufgebracht, und dann kam das Geld tropfenweise von irgend woher, meist im letzten Moment, ehe der Wechsel fällig wurde. Man hielt überall Vorträge, und es fanden sich Menschen, die bei dieser wichtigen Sache helfen wollten. So kam alles, wie der bescheidene Mann in seinem alten Auto es sich erträumt hatte. Die Höhepunkte der Schilderung sind immer die Verwandlungen der jungen Menschen von Dieben, Mördern, Messerstechern, von ausgebildeten Sadisten und Rauschgifthändlern, die, vorher unter der Tierstufe stehend, allmählich frische, gesunde und frohe junge Männer und Frauen werden. Sie haben keinen anderen Gedanken, als viel zu lernen, damit sie mit ihren schweren Erfahrungen in die Slums gehen können und den ehemaligen Kameraden das Evangelium von der Liebe Gottes bringen, die ihnen hilft, ein neues Leben mit dem heiligen Geist anzufangen. Da dieser Dienst sie täglich in höchste Lebensgefahr bringt, brauchen sie Opfermut und außerdem Klugheit, Geduld und einen unerschütterlichen Glauben. So wird geschildert, wie Linda es sich zur Aufgabe gemacht hat, die Anführerinnen von weiblichen Banden für ein neues Leben zu gewinnen. Damit aber zieht sie sich den Zorn der Jungens auf sich, denen eine Partnerin verlorengeht. Bei einer nächtlichen Begegnung mit solchen Mädchen wird sie von den gefährlichen Burschen bedroht. „ ‚He, Kleine, du machst mich wild', sagte der Anführer der Jungen. ‚Du willst unsere Mädchen fromm machen? Du wirst sie uns wegnehmen!' Ein gebogenes Messer blitzte im Dunkel auf. Ohne Warnung stach er nach Linda... traf aber nur ihre Kleider... Linda sprach mit leiser Stimme und legte in die Worte so viel Bedeutung, wie sie konnte: ‚Gott segne dich'. Und sie fügte hinzu: ‚Kommt doch morgen zum Zentrum herüber, Clinton Avenue 416, wir erwarten euch.' Dann ging sie mit ihrer Begleiterin gemächlich auf die andere Straßenseite.“

127

So ist die Arbeit gefährlich und schwer und doch wiederum nicht *zu* schwer, denn die meisten dieser jungen Leute, zumal die Rauschgiftsüchtigen, stehen bereits am Abgrund der Verzweiflung, und es ist nur noch eine dünne Wand zu durchstoßen. Um ihre Dosis Heroin zu bekommen, ohne die sie nicht mehr leben können, brauchen sie täglich 30, 50, ja 100 Dollar, die sie entweder durch Diebstahl, Raub oder Mord bzw. durch Prostitution herbeischaffen. So bedarf es oft nur des richtigen Wortes, daß sie sich dem Pfarrer oder seinen Mitarbeitern anvertrauen, mit deren Hilfe sie die drei qualvollen Tage der Entziehung ohne jedes Medikament durchhalten. Da betet einer der Helfer Tag und Nacht in der Kapelle für den schwer Leidenden, und ein anderer sitzt an seinem Bett und liest ihm aus der Bibel vor, aus der er auch Teile auswendig lernen muß. „ ‚Hast du es verstanden, Mario?' Marios runde Augen sahen ein wenig hilflos aus. ‚Nein, ich bin an sowas Frommes nicht gewöhnt. Aber es ist schon gut so ... Es gefällt mir, es klingt gut, wenn ichs auch nicht verstehe.' Nachher sagt er aber: ‚Es ist komisch, das Buch hat mir geholfen ... Ich glaubte nicht einmal zu hören, was sie lasen ... Aber als ich heute morgen aufwachte, wußte ich, daß es nicht wie sonst sein würde. Ich fühlte mich schon viel, viel besser.' "

Schlimm ist die Gefahr der Rückfälle, denn da lauert an jeder Straßenecke, ja vor jedem Schulgebäude, ein Händler und mit ihm die neue Versuchung. Bei dem, was nun geschildert wird, muß daran erinnert werden, welche

David Wilkerson

Rolle in den Pfingstgemeinden die „Taufe mit dem heiligen Geist" spielt, die Wilkerson schon von seinem Vater
und Großvater kannte und die er auch an sich selbst und
vielen anderen erlebt hatte. Die Pfingstgemeinden berufen sich dabei auf die entsprechenden Stellen in der Apostelgeschichte und in den Paulusbriefen. Nach und nach
erleben die meisten der von Wilkerson geretteten Jugendlichen diese Taufe ebenfalls. Ein Mädchen erzählt von
ihren Erfahrungen: Zuerst beobachtet sie, was die andern
erleben, ... „und dann bat ich Gott, so in mein Leben zu
kommen wie bei jenen Rauschgiftsüchtigen. Wie ein blendendes Licht brach Jesus da in mein Herz ein. Irgend
etwas übernahm für mich das Sprechen. Ich hatte das
Gefühl, an einem Strom zu sitzen, der irgendwie durch
mich hindurchfloß und aus mir heraussprudelte wie eine
wohlklingende Sprache ... Es war das Wunderbarste, das
ich je erlebte." Die „Geisttaufe", die viele junge Menschen
dieser immer wachsenden Gruppe empfangen, hat nun
die erstaunliche Wirkung, daß sie die rückfälligen Süchtigen immun gegen das Gift macht. Während sie vorher
trotz einer noch so ernsthaften Bekehrung immer noch
rückfällig werden können (erst nach fünf Jahren kann
man sicher sein, daß kein Rückfall mehr eintritt) — nach
dieser Geisttaufe, wie sie es nennen, hat das Gift seine
Wirkung verloren. Ein Junge, der schon fünfmal rückfällig wurde, war nach diesem einschneidenden Erlebnis ein
Jahr frei von der Spritze gewesen, aber nun „bohrte" er
wieder. „ ,Etwas Komisches ist geschehen, Davie', sagte

129

Ralph, als er endlich den Mut fand, mir zu sagen, was er getan hatte. ,Als ich mit dem Bohren fertig war, war es, als hätte ich überhaupt nichts. Es war nichts von dem, was ich früher gefühlt hatte... Statt immer schlimmer zu werden, blieb die Versuchung einfach weg .../'

Als Zusammenfassung seiner Schilderungen bekennt Wilkerson, daß seine Bewegung, die inzwischen auch in Chicago und anderen Großstädten der USA ihre Zentren hat, immer noch in den Kinderschuhen steckt. „Wir müssen noch viel darüber lernen, was diese religiöse Erfahrung in einem unglücklichen Menschenleben tun kann und was nicht. Jeden Tag machen wir neue Entdeckungen." Er gründet sich auf das Christuswort, daß sein Geist uns in alle Wahrheit leiten wird. „Wir wissen, daß Er uns eines Tages zu Prinzipien führen wird, die nicht allein hier in der Clinton Avenue angewandt werden können, sondern in den ganzen Vereinigten Staaten, wo immer Einsamkeit und Verzweiflung Jungen und Mädchen verführt haben, mit einer Spritze und einer schmutzigen Nadel Erlösung von ihren Problemen zu suchen."

Das Buch, von dem hier berichtet wurde, trägt den reißerischen Titel „Das Kreuz und die Messerhelden".*
Es verleugnet in seinem Stil und in der sensationellen Art der Schilderung nicht die Herkunft aus der amerika-

---

* Taschenbuch im Leuchterverlag. Als eine Art Fortsetzung und Erweiterung davon erschien Wilkersons Buch „Die 12 Engel aus der Hölle" im Fr. Bahn Verlag Konstanz. Zuletzt: der Bericht über die Arbeit an den Kindern „Das kleine Volk", ebenfalls im Fr. Bahn Verlag Konstanz.

nischen Großstadt und ist auch entsprechend übersetzt.
Aber es wird sich schwer ein für die Jugend empfinden-
der Mensch dem Eindruck entziehen können, den der
reine Helferwille, die aufopfernde Hingabe Wilkersons
und die ergreifenden Wandlungsschicksale der von ihm
geheilten Menschen hinterlassen.

Trotzdem wäre es zu einfach, wollte man diese Vorgänge
auf unsere Verhältnisse übertragen. Es handelt sich bei
den geschilderten Bewohnern des spanischen Teils von
New York vorwiegend um eine Menschenart, die noch
ganz aus dem Gefühl lebt und bei der die beschriebene
„Taufe" unter Ausschaltung des wachen Ich-Bewußtseins
vor sich geht. Für die in Mitteleuropa lebenden Zeitgenossen, die sich bereits im Stadium ihrer Ich-Entwicklung
und der Ausbildung ihres Bewußtseins befinden, müßten
andere Wege gefunden werden, die zweifellos schwieriger
und mühsamer sind und wesentlich mehr Zeit in Anspruch nehmen. Doch sollten wir es uns nicht zu leicht
machen. Die unerhörten Gebets- und Glaubenskräfte, die
Wilkerson mit seinen Helfern entfaltet und mit denen er
Tausende von jungen Menschen dem Verderben entrissen
hat, stehen wie ein Wunder vor uns. Welcher Opfer sind
diese Menschen noch fähig! Wenn auch die Formen, in
denen das alles geschieht, nicht die unseren sein kön
nen, so liegen doch hier unendliche Möglichkeiten und Aufgaben vor uns, die längst noch nicht in Angriff genommen
und ausgeschöpft sind. Mit fast flehender Eindringlich-
keit hat Emil Bock uns in seinem letzten vermächtnis-

131

haften Vortrag * ermahnt, daß wir lernen sollten, richtig zu beten. Wenn wir ihm folgen und auf der langen und gefahrvollen Gratwanderung der ichhaften Bewußtseinsentwicklung diese Gebetskräfte üben, wird der „neue heilige Geist, auf den Emil Bock so oft hingewiesen hat, uns helfen, die riesigen sozialen Aufgaben der Zukunft im Sinne der fortschreitenden Evolution zu lösen.

---

* „Was will die Christengemeinschaft? Verlag Urachhaus, Stuttgart.

BIRGITTA WOLF

„Warum haben die Menschen überhaupt
so viel Angst vor dem Leben? Unsere Ver-
antwortung als Mitmensch und Staatsbür-
ger ist größer, als wir wahrhaben wollen.“

Dies fordert Schweigen.
Wir saßen wortlos.
Wenn einer sprach, waren
die Worte langsam.

Gewichtig sind die Gedanken ohne Ende.
Was hinter Denken sich erhebt,
Ist jene Säule,
Auf der sich alles baut.

Wenn uns irgendwo ein solches Gedicht begegnet, hal-
ten wir inne und fragen uns, wer das ist, der so gedrängt,
in so reinen Worten das Wesen einer Wahrnehmung verkündet, die jenseits von Intelligenz und Klugheit liegt.

Kulissenverschiebung.
Wandel.
Grab ist Grenze.
Grenze heißt Übergang
In Bereich anderer Valuta.

Wiederum fragen wir uns: Was ist das für ein Mensch, der so knapp, so nüchtern, aber so wissend vom Tod spricht?

Diese beiden Gedichte sind einer besonderen Anthologie entnommen, die fünf Jahre lang im deutschen Buchhandel zu haben war, eine Sammlung von „literarischen Dokumenten" in Prosa und Lyrik mit eingestreuten Zeichnungen. Sie trägt den Titel „Die vierte Kaste" * mit dem Untertitel „Junge Menschen im Gefängnis". Von ihnen stammen alle Beiträge der Sammlung. Naturgemäß sind dort auch viele hoffnungslose, verzweifelte, ja zynische Gedichte zu finden:

> Irgendwann zerbrach der Glaube.
> Die Seele, verwundet,
> zerbrach.
> Aufgerissener Grund.
>
> Irgendwann zerbrach die Seele.
> Die Hoffnung, verwundet,
> entfloh.
> Tränen steigen und fallen.

Und in einem anderen Gedicht heißt es:

> gott ist tot — das ist mir zu bequem.
> ich klage an.
>
> im traum wünsche ich mir,
> daß es das jüngste gericht gäbe.

---

* 1963, Rütten und Loening.

dann müßtest du antworten
und könntest dich nicht retten
hinter der priester
„anathema"
und der theologen
„blasphemie".

In diesen Zeugnissen gewinnt man einen tiefen Einblick
in das, was junge Menschen empfinden, die durch eine
Schwäche, eine Unbesonnenheit oder auch durch aufge-
staute Empörung, Verzweiflung und Enttäuschung sich zu
einer Straftat hinreißen ließen und nun in langen bitteren
Jahren büßen müssen, was in einem kurzen Augenblick
geschah. Vor allem aber lassen die Briefe an die Herausgeberin, die den Abschluß der Sammlung bilden, erkennen, wie notwendig es ist, daß sich reife, wissende Menschen um diese oft hochbegabte, labile Jugend kümmern,
da es viel zu wenige Fürsorger gibt, die zudem noch über-
lastet sind. Geschieht das nicht, dann ist der Persönlichkeits-
verlust durch den in den meisten Gefängnissen herrschenden Zwang zur Heuchelei und Unterwürfigkeit oft nicht
mehr einzuholen. Da schreibt ein 26Jähriger: „Ich möchte
aus mir heraus und fortgehen, eine Reise machen ins ganz
Andere, in das, was man nicht ist, aber endlich sein
möchte ... Und nichts mitnehmen, keine Tugend und keine
Schuld. Die Möglichkeit haben, noch einmal wie ein Kind
zu beginnen." H., 20 Jahre: „Ja, wir sind verlassen, sind
ausgestoßen aus der menschlichen Gesellschaft. Tragen wir

wirklich die ganze Schuld? Gibt es nicht in uns geheimnisvolle Kräfte, die uns Dinge tun lassen, die wir gar nicht wollen?... Man könnte ganze Bücher darüber schreiben. Für das, was ich gemacht habe, gibt es keine Entschuldigung..." P., 19 Jahre: „Was ich brauche, ist tatsächlich etwas, was mein Leben ausfüllt, etwas, was mehr als alle beruflichen Pläne ist. Nur für sich selbst sorgen, reicht einfach nicht; das Leben hat keinen tieferen Wert, und wenn man plötzlich stirbt, ist keiner da, der dies als unersetzlichen Verlust empfinden würde. Dabei ist doch dies der innerste Wunsch fast aller Menschen: unersetzlich zu sein..." A., 20 Jahre: „Einsam? Ja, weiß Gott! Auch unverstanden. Getreten, gehänselt. Unscheinbare Worte und Gesten sind es, die sich eingraben. Einsam in meiner Zelle, in meinem Leben ... — Und ich erkannte vieles in dieser einsamen Stunde, die mir das gab, was mir bis heute fehlte: Ruhe. Die innere Ruhe. Das Wissen, daß zwar alles nichtig und eitel ist, aber daß mein Weg bis heute, nur Werte zu zerstören, falsch war. Wenn ich zerstöre, muß ich imstande sein, neu aufzubauen. Die Geschichte der Menschheit ist die Geschichte der Zerstörung der Menschheit. Und das erkannte ich — und zerstörte mit. Und da war das Weiterleben schwer..." P., 19 Jahre: „Was nutzen schöne und kluge Worte, wenn ich sie verstandesmäßig als gut und richtig anerkenne und doch nicht die Kraft aufbringe, auch nur die kleinste Handlung danach auszurichten?... Was mich wegen meiner Skepsis allen Menschen gegenüber immer ein wenig ärgert, ist, daß Sie so unerschütterlich an meine positive Entwicklung glauben."

Der Mensch, der so unerschütterlich an die positive Entwicklung dieser jungen Menschen glaubt und sie deshalb früher oder später auch bei den meisten erleben darf, ist die Herausgeberin dieser Anthologie, von der auch die ausführliche Einleitung stammt. Sie heißt *Birgitta Wolf* und ist in den letzten Jahren wiederholt mit Artikeln und Vorträgen über die Reformbedürftigkeit des deutschen Strafvollzugs hervorgetreten. Weitere Buchveröffentlichungen sind von ihr zu erwarten.

Das Problem des Strafrechts und des Strafvollzugs hat vor 200 Jahren der italienische Menschenfreund Cesare *de Beccaria* in einem humanen Sinne zu lösen versucht; vor 150 Jahren war es *Pestalozzi*, der ein leuchtendes Beispiel von verwandelnder Liebe gegenüber den Ausgestoßenen gab. Vor über 100 Jahren stellte Bettina v. Arnim mit der ihr eigenen kraftvollen Genialität die gleichen Fragen vor die damalige Öffentlichkeit. Am Anfang des Jahrhunderts haben bedeutende Juristen, wie Gustav Radbruch, Franz v. Liszt und auch Walther Rathenau, immer wieder versucht, in die Dunkelheit mittelalterlicher Gedanken und Methoden mit dem Lichte der Menschlichkeit hineinzuleuchten. Seit dem zweiten Weltkrieg ist viel über die Probleme des Strafrechts und Strafvollzugs beraten und geschrieben worden. Unter dem Eindruck der furchtbaren Hinrichtungen im Dritten Reich wurde die Todesstrafe abgeschafft, und im Jahre 1953 wurde auch ein neues „Jugendgerichtsgesetz" erlassen, das aber durch den noch unveränderten Strafvollzug illusorisch geblieben ist. Für eine unserer Gegenwart entsprechende Reform des allgemeinen Strafrechts und -vollzugs ist die Zeit noch nicht gekommen, weil auf diesem Gebiet immer noch „diffuse, vergeltungssüchtige, archaische Gefühle" herumgeistern. Und, wie bei allen Entwicklungen, ist es nie die Masse, sind es nie die Organisationen oder Behörden, sondern immer nur die *einzelnen Menschen,* von denen die zu einer Zeit „fälligen" Ideen und Impulse, die zur Verwirklichung drängen, aufgenommen und begriffen werden. Solche einzelnen Menschen werden dann von der in ihnen brennenden Erkenntnis getrieben, ihrer Zeit vorauszueilen und die träge und dumpfe Masse aufzurütteln. Gewiß ist es heute schon eine große, immer wachsende Zahl solcher „Einzelner", die, durch die schlimmen Erfahrungen in ihrer beruflichen Tätigkeit von dem Bankrott der alten Methoden überzeugt, sich um eine zeitgerechte Lösung der Probleme bemühen. Ja, es geht schon ein großes Aufwachen durch die Menschheit. So hört man, daß auf dem Weltkongreß für Kriminalistik neue, zukünftige Ideen diskutiert werden — aber wie lange dauert es, bis sie sich in der Menge durchsetzen, wo immer noch nach Vergeltung — das heißt „Rache" — gerufen wird, denn: „Das Strafen ist unser Angebinde von der Tierheit her" (Nietzsche).

Wenn nun eine Frau, die keine äußere Veranlassung dazu hätte, ihre ganze Lebenskraft daran gibt, um diese Vorurteile zu überwinden und Tausenden von unglücklichen Menschen Mut und Hoffnung zu einem neuen Leben zu schenken, so vermag vielleicht ein so außergewöhnlicher Faktor die Evolution außerhalb des Rechts- und Instanzenweges entscheidend voranzutreiben. Eine solche Frau ist Birgitta Wolf. Sie gehört zu den „Revolutionären des Herzens und der Intelligenz", nach denen man „mit Steinen wirft". Es kennzeichnet ihre Gesinnung, daß sie nur deshalb die Erwähnung ihres Namens und eine Schilderung ihrer Arbeit zuläßt, weil damit neue Menschen auf die Probleme aufmerksam werden, von denen sie ganz erfüllt ist, die aber vorläufig noch zu wenig über den engen Kreis derer, die beruflich damit zu tun haben, hinausgedrungen sind. Scharf wendet sie sich gegen sensationelle Berichte über ihre Person und gegen jede Art von Legendenbildung. Sie sieht sich als „Außenseiter" an, der eine Art „Feldarbeit" verrichtet, und ist der Meinung, damit nur etwas zu tun, was jeder andere auch könnte und sollte.

Birgitta Wolf ist in Schweden geboren als Tochter des Ethnologen Graf Rosen. Schon mit 15 Jahren gründete sie einen Klub zur Freizeitgestaltung für die Arbeiterjugend, deren Probleme sie damals kennenlernte. 1933 durch ihre Verheiratung nach Deutschland gekommen, lernte sie, als Nichte der verstorbenen ersten Frau Hermann Görings, die maßgebenden Männer des Nationalsozialismus kennen. Da sie mit 23 Jahren schon drei Kinder hatte (später waren es fünf), hatte sie erst allmählich Gelegenheit, zu bemerken, was hier geschah. Und obwohl die rebellische junge Frau strenge Weisung hatte, sich nicht einzumischen, setzte sie sich wiederholt für Verfolgte ein. „Die Erlebnisse von damals blieben in der Erinnerung eingebrannt und haben mir die Augen für die Hilflosigkeit der Machtlosen geöffnet... Sie lehrten mich, wie gefährlich es ist, wenn wir uns selbstzufrieden in einen egozentrischen Kreis zurückziehen und uns nicht um das bekümmern, was hinter verschlossenen Türen und Gerichtsgebäuden... vor sich gehen kann."

Bei Ausbruch des Krieges war Birgitta Wolf mit ihren Kindern nach Grainau ins bayerische Voralpenland gezogen. Seit 1964 lebt sie in Murnau. Als die Amerikaner bei ihrem Einmarsch von ihrer politischen Einstellung erfuhren, erlaubten sie ihr, bayerische Internierungslager zu besuchen. Durch einen höheren Beamten bekam sie dann auch Zugang zu einem Gefängnis, wo sie erste Erfahrungen mit jungen Menschen machte, die „in eine Konfliktsituation" geraten waren.

Die völlig andere Einstellung zum Strafvollzug, wie sie in Schweden üblich ist, war auch in Birgitta Wolf lebendig. Dort hatte schon am Beginn dieses Jahrhunderts der bedeutende Jurist *Schlyter* die schwedische Öffentlichkeit mit dem Ruf aufgeweckt: „Entvölkert die Gefängnisse!" Und er setzte sich mit der Überzeugung durch, daß geschlossene Anstalten persönlichkeitszerstörend wirken, daß ein Mensch, der verbittert und voll Haß ist, erfahrungsgemäß nicht besser, sondern nur schlechter wird, wenn man ihn in eine häßliche Umgebung sperrt, ihn als Abschaum der Gesellschaft barsch und mißtrauisch behandelt und ihm die kleinste Freude am Dasein vergällt. So werden in Schweden die finsteren, aus dem vorigen Jahrhundert stammenden Gefängnisse als „steingewordene Irrtümer" systematisch abgerissen. In diesem Land, das rund 7,7 Millionen Einwohner hat, gab es im Jahre 1966 etwa 25 000 zu Gefängnis Verurteilte, von denen 20 000 auf Bewährung in Freiheit lebten. Nur etwa 4900 befinden sich in teils offenen, teils geschlossenen Anstalten. Die Gefangenen können dort das Abitur und auch akademische Prüfungen ablegen, haben ein freundliches Zimmer ohne Gitter, in dem sie sonntags bis zu drei Stunden ohne Kontrolle (auch ohne „Spion"!) Besuche empfangen dürfen. Sie können gelegentlich Ferngespräche führen, wodurch schwierige häusliche Verhältnisse erleichtert werden, und bekommen regelmäßig Urlaub. Sie werden als Menschen behandelt.

Da der Erfolg gezeigt hat, daß dadurch keine Steigerung, sondern eher eine Abnahme der Rückfälligkeit erreicht wird, daß also die alte Lehre von der „abschreckenden Strafe" eine längst entlarvte Legende ist, wird diese humane Art des Strafvollzugs immer weiter ausgebaut. Auch in der Schweiz hat man mit der modernen, auf höchstem menschlichem Niveau stehenden offenen Strafanstalt Saxerriet die allerbesten Erfahrungen gemacht. Dort beträgt die Rückfälligkeit nur noch 15 Prozent (bei uns durchschnittlich 50 Prozent).

Birgitta Wolf versuchte nun, in Deutschland etwas von ihren Ideen zu verwirklichen. In ihrem abseits gelegenen Haus in Murnau kann sie immer junge Menschen um sich sammeln, und niemand weiß, ob einer von den Gästen vorher im Gefängnis war, es interessiert auch niemanden. Alle sind junge Menschen, denen Frau Wolfs Interesse und Liebe gehört. Regelmäßig werden dort auch Jugendkreise für die Kinder und Jugendlichen von Murnau und Umgebung abgehalten. Da wird gespielt und gesungen, und im Mittelpunkt steht der Kasten, in den die Zettel mit den drängenden Fragen ohne Namen geworfen werden, die man gemeinsam zu beantworten sucht. Da brennt abends eine Kerze, und gute Gespräche kommen auf. Manchmal gesellen sich Beatles aus München und anderen Städten dazu, Studenten, Lehrlinge, Führer des SDS. Zu den Aussprachen werden zuweilen Soziologen, Pfarrer oder andere Menschen eingeladen, mit denen man diskutieren kann.

Das ist aber nur ihre „vorbeugende" Tätigkeit, denn Birgitta Wolfs Leben gehört den Gefangenen. Immer wieder reist sie von einer Strafanstalt zur anderen und setzt es—oft erst nach größten Schwierigkeiten—durch, daß sie zu einzelnen Insassen Zutritt bekommt (in einer Anstalt hat sie 90 Schützlinge). Sie kommt zu ihnen einfach als fühlender Mensch, der sich nicht einbildet, unfehlbar zu sein; sie läßt sich erzählen, nimmt sich der Privatverhältnisse an, geht auf kleine Wünsche ein und appelliert an das Selbstbewußtsein der Verzagten. Ihr Ausspruch: „Die Gefangenen brauchen einen Privatmenschen, keinen „Engel", zeigt, wie nüchtern sie über ihre Arbeit denkt. Sie weiß, daß das Zellenleben mit seiner unmenschlichen Pedanterie die Gefangenen seelisch und körperlich defor-

142

miert und sie für ein späteres Leben in der Freiheit un-
tauglich macht. So heißt es in einem der Beiträge der er-
wähnten Anthologie, in der die Probleme der in die
Freiheit Entlassenen eine besondere Rolle spielen: „Die
guten Gefangenen wissen, daß alles nur zu ihrem Besten
geschieht. Und zur Aufrechterhaltung der guten Ordnung. An die gute Ordnung sollen sie gewöhnt werden.
Damit sie sich für den ganzen Rest ihres Lebens danach
sehnen. Draußen in der Freiheit. Damit sie sich so sehr
danach sehnen, daß sie bald wiederkommen ... Ich werde
bald wiederkommen, ich sehne mich so nach Ordnung,
Sicherheit, Geborgenheit und Ruhe. Ich sollte die Religion
wechseln. Ich träume vom Nirwana. Vom Nirwana hinter
Gittern. Ich werde wohl bald wiederkommen ...“ Denn
wie soll sich ein junger Mensch je wieder in dem Getriebe
der kalten und mißtrauischen Zeitgenossen zurechtfinden,
der als Gefangener schrieb:

Ich starre stumm in meine leeren Hände.
Ich denke nicht. Ich höre nicht. Ich schaue
leblosen Auges nur die kahle, graue,
dumpfe Verzweiflung der verhaßten Wände.
Und auf und ab die ruhelosen, matten,
und auf und ab die Schritte, ungemessen.
Ich weiß nicht, wer ich war. Ich bin vergessen.
Ich lebe nicht. Ich bin nur noch ein Schatten.

Schon häufig hat Birgitta Wolf nach ihren Gefangenen-
besuchen einen Prozeß wieder ins Rollen gebracht, wenn

143

sie vermutete oder wußte, daß ein Mensch zu Unrecht verurteilt wurde. Eine Reihe von Rechtsanwälten ist bereit, ihr dabei zu helfen. Empörende Zustände, die bekanntlich immer noch vorkommen und die ihr manchmal auf illegalem Weg mitgeteilt werden (denn alle Briefe werden zensiert), prangert sie öffentlich an; und wenn sie von der Behörde deshalb Lügen gestraft wird, so erhebt sie Strafanzeige gegen den verantwortlichen höheren Beamten, damit der Fall gründlich untersucht werden muß. Kann man sich wundern, daß viele Gefangene heute bei dem Namen Birgitta Wolf neue Hoffnung schöpfen? In den vergangenen Jahren hat sie rund 12 000 Briefe mit Gefangenen gewechselt, täglich kommen viele neue dazu. Unzählige Schicksale, eingeschlossen die jeweiligen Familien, hat sie in ihrem Kopf gegenwärtig, unzählige Fäden laufen bei ihr zusammen, da sie für die Entlassenen Stellen sucht oder Hilfe für die Familien. An Weihnachten wandern viele Pakete in die Gefängnisse, doch da schreibt ein Mädchen: „Ich danke Ihnen vielmals für den Brief und die Photographie, aber ich habe sie wieder abgeben müssen, weil ich schon eine habe." Manche Gefangene fertigen kleine Geschenke für sie an, auch damit sie wieder andern eine Freude machen kann.

Diese wie eine Lawine über sie stürzende Arbeit beginnt Frau Wolf allmählich zu ersticken, zumal sie viel zu wenig Hilfskräfte hat. Es ist ihr größter Schmerz, daß sie allmählich immer mehr Gefangenen abschreiben muß, weil sie es, auch gesundheitlich, nicht mehr be-

Birgitta Wolf

wältigt. So sucht sie in allen Städten Hilfskräfte und Briefpartner. Das Hamburger Fernlehr-Institut, das ihr Stipendien für Fernkurse unentgeltlich zur Verfügung stellt, bezahlt ihr vorläufig eine Schreibhilfe für den halben Tag. Auch sonst ist sie auf Spenden angewiesen, um ihre kostspielige Fürsorge ausüben zu können.

Neben dieser täglichen konkreten Arbeit, die ja sozusagen immer nur Flicken auf einen alten Rock setzt, ist es vor allem ihr Bestreben, etwas *Grundsätzliches* zu bewirken, damit nach dem offensichtlichen Bankrott des rückständigen Vergeltungsrechts der ganze Strafvollzug neu gestaltet wird. Nach ihrer Meinung stehen die heute noch praktizierten Methoden wider besseres Wissen in krassem Gegensatz zu den kriminalpsychologischen und -soziologischen Erkenntnissen unserer Zeit. Die äußeren Verbesserungen in einem noch so modernen Gefängnis bleiben illusorisch, wenn nicht ein humaner Geist darin waltet. Durch ihren Kontakt zu Juristen, Anwälten, Politikern, Soziologen und Beamten des Strafvollzugs bildete sich allmählich eine Gruppe heraus, die sich seit einigen Jahren als „Aktionsgemeinschaft für Kriminalrecht und Strafvollzugsreformen" regelmäßig trifft, um Wege zu finden, wie man das umfassende Gebiet des Strafrechts allmählich auf das Niveau einer neuen Humanität bringen kann. Es kennzeichnet die Vorurteilslosigkeit dieser Menschen, daß Birgitta Wolf zu solchen Beratungen auch erheblich Vorbestrafte hinzuziehen kann, da diese die Auswirkungen des heutigen Strafvollzugs am eigenen

Leibe erfahren haben. „Würden wir mehr auf sie hören, wären Zustände, wie sie in Hamburg und Köln offenbar wurden und wie sie heimlich, vertuscht... immer noch vorkommen, schlechthin unmöglich."

Diese Arbeit, an der auch Österreich und die Schweiz interessiert sind, will Grundlagen schaffen für eine künftige Gesetzgebung, die nicht mehr in erster Linie auf das *Symptom*, also die Tat, sieht und die Strafe nicht mehr als Vergeltung auffaßt — wie es heute nur noch in Deutschland wissenschaftlich vertreten wird. Die große Aufgabe einer künftigen Gesetzgebung sehen die Vertreter dieser fortschrittlichen Richtung vor allem in einer Erforschung der *Ursachen*, die zu der Fehlhaltung des Täters führten und die — zumal bei den Jugendlichen — in den allermeisten Fällen in den verheerenden Verhältnissen innerhalb der Familien und der allgemeinen Umwelt zu suchen sind, aber auch in körperlichen Befunden, wie Gehirnschäden und anderen, oft subtilen Störungen. Zum Schutz der Gesellschaft sollen als „Konsequenz" alle Möglichkeiten zu einer Besserung der gefundenen Ursachen ausgeschöpft werden. Der Ausdruck „Konsequenzrecht", den Frau Wolf formuliert hat, besagt nach ihren Worten, „daß dieses Recht, frei von jedem Vergeltungsgedanken, urteilt, daß es die Würde des Menschen auch in seiner tiefsten Entwicklungsstufe achtet, eine emotionsfreie Analyse der Täterpersönlichkeit voraussetzt und als Folge logische Maßnahmen anordnet. Diese Maßnahmen sollen den Menschen nicht diskriminieren, aber darauf

146

ausgerichtet sein, eine Wiederholung der Tat zu verhin-
dern und — wo es möglich ist — eine Wiedergutmachung
zu erreichen." — „Utopie? . . . Was heute Utopie ist, kann
morgen Wirklichkeit sein — *muß* morgen Wirklichkeit
sein! . . . Ein Beccaria, ein Pestalozzi wurden als Utopi-
sten von der Mehrheit ihrer Zeitgenossen angesehen. Wir
tragen die Verantwortung für *unsere* Gegenwart. Wir
müssen uns entscheiden, ob wir . . . die Verantwortung
tragen können für die Folgen des überlebten Vergeltungsrechtes, das die Menschen in unseren Gefängnissen und
Zuchthäusern zerbricht, und ob wir den Mut haben,
einen neuen Schritt nach vorwärts zu wagen — auf das
Risiko hin, daß er eine Welle der Entrüstung der in Vorurteilen befangenen Erzkonservativen auslöst." Und noch
einmal faßt sie ihre Erfahrungen in den fundamentalen
Satz zusammen: „Wir dürfen die Tat verdammen, nicht
den Täter!"

So ist es also Frau Wolfs innerstes Bestreben — in Ge-
meinsamkeit mit den ihr verbündeten Männern, unter
denen sie vor allem den mutigen hessischen General-
staatsanwalt Dr. Fritz Bauer*, den Prior Anselm Hertz und
die Münchner Rechtsanwälte Burger und Heldmann immer wieder rühmend hervorhebt —, es ist das Ziel dieser
Bestrebungen, eine Wandlung zu bewirken „vom Straf-
recht zum Besserungsrecht, vom Strafgesetz zum Schutz-
gesetz."

---

* Der während der Drucklegung dieses Buches gestorben ist.

Für diese grundsätzliche Umwälzung auf einem so wichtigen Gebiet unseres öffentlichen Lebens muß aber durch breiteste Aufklärung ein allgemeines Umdenken der bürgerlichen Welt angestrebt werden, und diese Aufklärung durch Reden, Aufsätze und Bücher bildet einen weiteren Bestandteil in Birgitta Wolfs Arbeitspensum. Dabei betont sie immer wieder, daß jeder Mensch, dem ein glückhafteres Schicksal beschieden ist, die Verantwortung für die weniger glücklichen Menschen trage. Denn, so sagt sie, was können wir dafür, daß uns ein harmonisches Elternhaus, eine gute Erziehung und Bildung zuteil wurden? Dürfen wir daraus ein Recht ableiten, überheblich und richterlich über andere Menschen den Stab zu brechen, ehe wir nicht den ganzen Umkreis der zum Verbrechen führenden Faktoren kennen und selber zu ihrer Verbesserung beigetragen haben?

„Die Gleichgültigkeit den Mitmenschen gegenüber verursacht die innere Vereinsamung, die Entfremdung im menschlichen Bereich, die Liebesarmut, das Gefühl des Ausgestoßenseins von den wirklichen Werten des Lebens, die oft den Menschen zu Verbrechen führen." So schreibt sie auch über die Selbstmorde, deren steigende Zahlen, vor allem bei Kindern, uns aufwecken müßten: „Berichte über Morde erscheinen auf den Titelseiten der Zeitungen unter schreienden Überschriften, für die Selbstmorde bleibt nur eine kleine verschämte Notiz. Denn bei Morden sind wir — meistens — schuldlos, aber warum verzweifelte die vereinsamte Nachbarin am Leben, warum hatte das Kind niemand, dem es sich anvertrauen konnte, wer sprach dem Kranken Mut zu und wer half dem in Not geratenen Mitmenschen über einen Engpaß hinweg? Warum geschehen manchmal Selbstmordversuche in den Gefängnissen ausgerechnet kurz vor der Entlassung? Warum haben die Menschen überhaupt so viel Angst vor dem Leben? Unsere Verantwortung als Mitmensch und Staatsbürger ist größer als wir wahrhaben wollen." Gegen den Vorwurf, die Verbrechen zu leicht zu nehmen, verwahrt sie sich mit den Worten: „Es geht hier nicht darum, eine Tat zu beschönigen. Eine Straftat soll weder beschönigt noch verniedlicht werden. Die Tat an sich — auch wenn sie unbedeutend erscheint — ist in jedem Fall lebengefährdend für den Täter durch die Lawine von Folgen, die sie nach sich zieht. Aber es geht darum, daß man objektiv und ohne Affektexplosion die Tat beurteilt und dem Menschen, wenn man ihm begegnet, unter Einsatz der eigenen Kraft hilft, eine Wiederholung zu vermeiden. Das gilt für alle, für die Juristen, für die Beamten des Strafvollzugs, für den Arbeitgeber, für die Familie und die Freunde, für dich und mich . . ."

Als Birgitta Wolf im Jahre 1966, gemeinsam mit einigen Forschern, Soziologen und Kriminalisten in Frankfurt die Beccaria-Medaille empfing — die von der kriminologischen Gesellschaft „für Verdienste um die Kriminologie" verliehen wird — erwiderte sie auf die Laudatio mit einer Rede, in der sie aussprach, was ihr am Herzen liegt. Es war eine bittere Anklage gegen das schädliche

System des Vergeltungsrechtes, das immer noch herrscht, obwohl die Einsichten in die Notwendigkeit einer totalen Umkehr längst da sind. Zugleich aber war es ein flammender Aufruf zu einem neuen Verständnis für die schuldig Gewordenen und zu menschengemäßen, heilenden Methoden im Strafvollzug. Diese Rede ist — obwohl die Worte „Liebe" und „christlich" nicht darin vorkommen — ein wahres „document humain".

Was ist es denn nun, was diesen Menschen Birgitta Wolf befähigt, durch Mauern zu dringen, festliegende Steine ins Rollen zu bringen und leblos gewordene Herzen wieder schlagen zu lassen? Vor uns steht eine lebendige, warmherzige, temperamentvolle Frau, die brennt von der Not, die sie um sich erlebt; die alles, was sie unternimmt, nur deshalb tut, „weil es notwendig ist". Eine Frau, die kein Pathos liebt, die sich nicht moralisch überhebt, weil sie sich selbst nicht für unfehlbar hält, sondern, voll Verständnis für die Schwächen der Menschen, auch den nötigen Humor für ihre „geliebten Gauner" aufbringt. Dabei ergeht sie sich nicht in Humanitätsduselei, sondern sie weiß sehr wach und sehr nüchtern die Menschen zu unterscheiden. Wenn es aber gilt, einem Menschen in Not zu helfen, so gibt es für sie kein Hindernis, sie hat Mut und Energie genug, um alles zu überwinden, was sich ihr in den Weg stellt. Doch die eigentliche Ursache ihrer großen Wirkung ist ihr *Glaube* an das Gute in jedem Menschen. Ihr Glaube ist so unerschütterlich, daß sie ihn auch dann nicht verliert, wenn einer immer wieder rückfällig wird. Ein 19mal Rückfälliger, dem sie schließlich den Weg in den ersehnten Beruf bahnen konnte, ist nicht mehr straffällig geworden. So kann man wohl in ihrer Person den Satz des Paracelsus bestätigt finden, daß die beste Arznei für den Menschen der Mensch selber ist.

Zwei Strophen aus dem längeren Gedicht eines jungen Gefangenen, das „Gebet" überschrieben ist, mögen dies „Gute" aufklingen lassen, an das wir alle glauben:

Gib mir Kraft und Mut im Kampf mit meinem
Ich. Erfülle mich täglich mit dem Bewußtsein
Deiner Macht. Laß mich die Sorge meiner
Brüder finden und gib mir Festigkeit, damit
ich nicht an der Bosheit zerbreche.

Oh, laß mich liebend werden! Gib mir
Klarheit des Auges und öffne meine Ohren.
Sprenge die Panzer meines Herzens und
hilf mir, Mensch zu werden.

KARL KÖNIG

(1902–1966)

„Nur die Hilfe von Mensch zu Mensch,
die Begegnung von Ich mit Ich . . . schafft
jene Heilpädagogik, die der Bedrohung des
innersten Menschseins heilend entgegen-
tritt."

Wer Karl König noch nie gesehen hatte und nun den
Mann, von dem so viel gesprochen wurde, als Vortragen-
den in einem Saal mit vielen Menschen erlebte, der
mochte schon von seiner einzigartigen Erscheinung be-
eindruckt sein, da er auf einer ungewöhnlich gedrungenen
Gestalt ein ungewöhnlich mächtiges Haupt mit einem
tief durchfurchten Antlitz trug. Wer ihm öfter begegnete,
dem konnte dieses Antlitz zu einem nie endenden Studium werden. Wie eine große, vielschichtige Landschaft,
je nach dem Stand der Sonne und der Witterung, dem
Betrachter die verschiedensten Bilder und Farben zuwendet,
so bot die Landschaft dieses Antlitzes, je nach der augen-
blicklichen Stimmung, einen stets wechselnden Anblick, so
daß man kaum denselben Menschen vor sich zu haben
glaubte. Einmal schien es, müde und hoffnungslos, mit
tief eingegrabenen Falten das Leid der Welt zu offenba-

ren, das Karl König mit auf seinen Schultern trug; dann konnte es wieder in sprühendem Witz und Humor seine Umgebung zu schallendem Gelächter hinreißen; beängstigend war es, wenn es sich zum Gewitter des Zorns verdunkelte, meist aber wandte es sich in warmer Aufmerksamkeit den Menschen seiner Umwelt zu, Freiheit und Vertrauen in ihnen weckend. Seinen höchsten Ausdruck erreichte dieses Antlitz, wenn es sich völlig an ein vor ihm stehendes krankes Kind hingab. Dann zog es sich mit seinem ganzen Wesen in das Auge zusammen, um den gestörten Organismus ganz in sich einzulassen. Das Antlitz war dann nur Aufmerksamkeit, nur Hingabe an den Mitmenschen, dem der große Arzt helfen wollte, soweit es möglich war.

Wer war Karl König, und wie ist er zu dem geworden, der in den Jahren nach dem Krieg vor der Welt stand?

Es ist kaum zu ermessen, was es für einen zum Höchsten befähigten Knaben bedeutete, in Wien als Sohn eines jüdischen Kaufmanns-Ehepaars zur Welt zu kommen, denn die Eltern konnten ihm wenig von dem geben, was er in seinen unbewußten Tiefen vom Leben erwartete — außer ihrer Wärme und ihrem bedingungslosen Mitgehen mit einem Sohn, der ihnen wohl genug Schwierigkeiten bereitete. Denn die Schulen, die er besuchte, haben sich des aufsässigen Schülers wiederholt entledigt, so daß immer wieder eine andere Schule gesucht werden mußte. Als er sich mit 14 Jahren eine Mönchskutte anzog und in einem Wiener Park die Kinder um sich sammelte, um ihnen zu predigen, wurde er „wegen groben Unfugs" eingesperrt.

Im Heranwachsen konzentrierten sich seine Interessen von einem empfindenden Erleben immer mehr zu einem denkenden Durchdringen der Welterscheinungen, das ihn zur Naturwissenschaft führte und von dort zum Erfassen des Menschen und seines Werdens, so daß er nach einem Studium der Botanik und Zoologie schließlich zur Medizin und innerhalb dieser zur Embryologie hinüberwechselte. Als er in den zwanziger Jahren zum ersten Mal von Rudolf Steiner hörte, war der Grundakkord seines Lebens angeschlagen, und er schloß sich einer Anthroposophischen Jugendgruppe an, die versuchte, sich die Inhalte der Geisteswissenschaft nicht nur intellektuell zu eigen zu machen, sondern sie in Leben zu verwandeln. Und als er dann auch den Eintritt in die anthroposophische Gesellschaft vollzog, geschah es gerade am 30. März 1925, dem Tag, an dem Rudolf Steiner in Dornach starb. An der Tragik, daß er, der zu einem seiner fähigsten und feurigsten Schüler werden sollte, seinem großen Lebensbeweger und Lehrer nicht mehr irdisch begegnen konnte, hat er lange und schwer getragen.

Die ärztliche Mitarbeiterin Rudolf Steiners, Frau Dr. Ita Wegman, die Karl König später in Wien kennenlernte, veranlaßte ihn, an der Klinik in Arlesheim mitzuarbeiten. Dort lernte er auch seine spätere Frau kennen. Im „Sonnenhof", dem heilpädagogischen Institut in Arlesheim, hatte er das Erlebnis der kranken Kinder und der

neuen Methoden, mit denen man versuchte, das Menschliche in ihnen zu entwickeln. Damals wurde gerade das
„Adventsgärtlein" mit ihnen gefeiert, ein kleines Fest,
mit dem die Weihnachtszeit eingeleitet wird. Mit seiner
feierlichen Symbolik wird es für den Betrachter zum be-
wegenden Erlebnis, wenn die so schwer behinderten Kinder, die oft gestützt und getragen werden müssen, den
Spiralweg zum großen Adventslicht gehen, um ihr kleines Licht daran zu entzünden. Dr. König war von diesem
Anblick so erschüttert, daß in der gleichen Stunde sein
Entschluß reifte, solchen Kindern, die sich nicht richtig
verkörpern können, sein Leben zu widmen. Und so finden wir ihn im Jahre 1929 als leitenden Arzt in einem
Kinderheim in Schlesien, das er mit einer Gruppe von
Heilpädagogen auf einem Gutshof eingerichtet hatte.

In den sieben Jahren, die er hier wirken konnte, gewann er ein intimes Verhältnis zu den Kindern, die er
betreute. Es bewegte ihn Staunen und Andacht, wenn er
den Mut und das Vertrauen betrachtete, mit dem diese
Kinder ihrem schweren Schicksal entgegen gingen. Er
hatte von den heilpädagogischen Einsichten Rudolf Steiners gelernt, daß diese Kinder, die nicht so fest in ihrem
Körper verhaftet sind wie die normalen, zwar ihre Intelligenz nicht genügend entwickeln können, daß aber
ihre geistige Entelechie sich dafür um so reiner offenbaren
kann, wenn sie in der richtigen Weise angesprochen wird,
so daß Vertrauen und Liebefähigkeit aus ihnen strahlt.
Immer intensiver ergriff er seinen Beruf, ihnen zu helfen;

155

immer tiefer versuchte er auf das zu lauschen, was ihm von ihnen entgegen kam, um daran zu lernen. Schon damals begann er etwas zu ahnen von der Größe der Aufgabe, die in der Zukunft über das eigentlich Heilpädagogische weit ins Soziale hinübergreifen würde. Das Institut Pilgramshain und sein ärztlicher Leiter war in der Umgegend ein Begriff geworden, und den inzwischen zur Macht gelangten Nationalsozialisten blieb nicht verborgen, was hier vorging. Sie ließen sich auch gern von Dr. König ärztlich beraten, mußten ihm aber dann doch nahelegen, so schnell wie möglich zu verschwinden, wenn er nicht das ganze Heim gefährden wolle.

So ging er mit seiner Familie, die er inzwischen gegründet hatte, im Jahre 1936 in seine österreichische Heimat zurück. In Wien konnte er zunächst nicht heilpädagogisch arbeiten, sondern eröffnete eine Praxis, die bald überlaufen war. In der kurzen Zeit, die er dort wirkte, hielt er regelmäßig anthroposophische Vorträge, durch die viel Jugend angezogen wurde. Als Hitler 1938 in Wien einmarschierte, wußte die Gruppe der begeisterten jungen Menschen um ihn bereits, was die Zeit brauchte. Es schwebte ihnen vor, ein Gemeinschaftswerk unter der Führung ihres Lehrers außerhalb der Großstadt zu gründen. Nun aber konnte man nicht mehr lange überlegen. Dr. König mußte so schnell wie möglich mit seiner Familie das Land verlassen; von den jungen Leuten waren einige in der gleichen Lage — sie *mußten* fort, andere *wollten* fort. Die Situation war unsicher, jeder reiste auf

156

den Wegen aus, die ihm noch offen standen. Als man sich nach mancherlei Schwierigkeiten in England wieder zusammenfand, bot ein verlassenes, düsteres Haus im hohen Norden von Schottland, das „Kirkton-house", das man ihnen überließ, eine erste Unterkunft und zugleich die Möglichkeit, mit kranken Kindern zu arbeiten. So konnte die Gemeinschaft von Wohltätigkeit unabhängig bleiben und außerdem etwas von dem verwirklichen, was sie sich vorgenommen hatte, wenn auch unter ungleich ernsteren Vorzeichen. Da in Deutschland und Österreich bis auf weiteres der Ungeist herrschte, konnten die Auswanderer den geistigen Auftrag Mitteleuropas, den sie wie ein Samenkorn in ihren Herzen mitgenommen hatten, in ein neues Erdreich legen und ihn dort pflegen.

Eine doppelte Aufgabe stand nun vor Karl König: unter den schwierigsten äußeren Umständen ein Institut aufzubauen, in dem er seine bisherigen Erfahrungen weiterentwickeln konnte und gleichzeitig die Ausbildung und Schulung seiner jungen Freunde und Begleiter, die aus den verschiedensten Berufen kamen und daher auch die verschiedensten Voraussetzungen für die Heilpädagogik mitbrachten. Das Leben in der rauhen, unwirtlichen Landschaft, die Einsamkeit, die fremde Sprache, der Schmerz des Ausgestoßenseins aus den kulturellen Reichtümern der österreichischen Heimat — das alles trug dazu bei, die Gruppe zu einer unlöslichen Schicksalsgemeinschaft zu verbinden. Ein neuer Schock war der Ausbruch des Krieges, der die Internierung aller männlichen Mitglieder der Gruppe zur Folge hatte, denn jetzt waren sie aus Emigranten „feindliche Ausländer" geworden, also im doppelten Sinne heimatlos. Das Haus war für die vielen zuströmenden Kinder schon bald zu klein geworden, ein größerer Herrensitz in der Nähe von Aberdeen — Camphill — wurde von dem Vater eines kranken Jungen angeboten. Nun mußten die Frauen den Umzug allein bewältigen, da sie als Deutsche keine Hilfe bekamen. Als die Männer nach einigen Monaten wieder entlassen wurden, begann die eigentliche Geschichte „Camphills" an den Ufern des Dee-Flusses. Während der Kontinent in Blut und Trümmern versank, wurden hier die ersten Schritte zu dem kommenden Werk getan, dessen Größe man damals noch nicht ahnen konnte. Dr. König schrieb über diese Zeit: „Es ist wahrhaftig keine Geschichte von großen, glanzvollen Erfolgen, vielmehr von Prüfungen und Irrtümern, von harter Arbeit und vielen Fehlern." In aller Stille begann der mit mühevollen Opfern gepflegte Samen sich zu entfalten. Der Frieden, der von der Arbeit mit den Kindern ausstrahlte, erreichte viele Menschen der Umgebung mitten im Krieg. So kam es, daß in wenigen Jahren eine Reihe von Anwesen zwischen Aberdeen und Camphill erworben werden mußte, weil man den Schulen immer mehr gerade die schwerstkranken Kinder anvertrauen wollte. Denn sie wurden hier nicht nur sorgfältig gepflegt, sondern durch immer weiterentwickelte Heilmethoden gefördert und nach den Grundsätzen der Waldorfpädagogik unterrichtet. Und vor allem gab ihnen das religiös durchatmete Leben in den Familien der Mitarbeiter die Wärme, deren solche Kinder bedürfen, um ihr wahres Wesen offenbaren zu können, das in einer kalten, verständnislosen Umgebung erstarrt und verkümmert.

In der Abgeschiedenheit des nördlichen Schottland und der kriegsbedingten Absonderung fand Karl König mit seinen Mitarbeitern die Ruhe, um die vielen heilpädagogischen und sozialen Hinweise Rudolf Steiners auszuarbeiten. Dabei bildeten sich im engen Zusammenleben der durch das Schicksal isolierten Menschen soziale Gestaltungen heraus, die dem spirituell aufgefaßten Dienst am kranken Kind entsprachen. Der Gedanke der Wiederverkörperung gab ihrem Wirken einen tiefen Sinn und befeuerte die Gemeinschaft zu erhöhter innerer Schulung und Aktivität. Als nach Beendigung des Krieges die Schranken gefallen waren, kamen viele junge Menschen, die nach neuen Ideen suchten, vom Kontinent hinzu, angezogen von dem Geist, der die Schulen von Camphill durchzog, um mitzuarbeiten oder in Kursen und Tagungen von den dort erworbenen Erfahrungen zu lernen.

Es würde zu weit führen, wollte man der Reihe nach die vielen Neugründungen aufzählen, die in der Folge von Camphill ausgingen. Wie aus einem Stamm ein Zweig nach dem anderen wächst und jeder Zweig wieder neue Seitentriebe hervorbringt, so entstanden immer neue Niederlassungen — zunächst noch in England selbst. Jedes dieser Zentren aber erweiterte sich, je nach den

159

örtlichen Bedürfnissen. Es kam der Ruf aus anderen Ländern, zunächst aus Irland, dann aber auch aus Südafrika und Nordamerika. Immer waren es eigenartige Schicksalszusammenhänge, wunderbare „Zufälle", die zur Gründung einer neuen Schule führten, wenn irgendwo in der Welt Eltern kranker Kinder von Camphill hörten und nun alles taten, damit dort, wo sie waren, ein neues Zentrum entstehen könnte. Dr. König wurde gerufen, gab Ratschläge, schickte Mitarbeiter — und wieder leuchtete in den Umkreis ein Licht, das von den Kindern selbst mit ihrem Schicksal entzündet worden war. Mit den Jahren waren die alten „Camphiller" durch ihre Erfahrungen aus Lernenden zu Leitern solcher Schulen geworden, junge Menschen aus aller Welt kamen dazu, besuchten das inzwischen eingerichtete Seminar und konnten in verantwortungsvolle Stellen nachrücken. Schon sind es zwei oder drei Generationen von Mitarbeitern, insgesamt weit über 300, ungerechnet die nur vorübergehenden Helfer, Praktikanten oder die jungen Leute vom Internationalen Zivildienst, die sich regelmäßig dazugesellen.

Durch die Ausweitung der Camphill-Bewegung war Karl König zu einem intensiven Reiseleben gezwungen, denn sein Rat und seine Hilfe wurden überall gebraucht. So fuhr er nach Amerika und Afrika, nach Irland, Holland, Norwegen und auch nach Deutschland, hielt überall Vorträge, und durch seine warme, weltoffene Persönlichkeit fand er leicht Kontakte, nicht nur zu den amtlichen Stellen des betreffenden Landes, die ihn auch gelegent-

Karl König

lich für ihre heilpädagogischen Einrichtungen konsultier-
ten, zu den Ärzten und Wissenschaftlern, die sich für
seine Methoden interessierten (zumal, nachdem sein
grundlegendes Werk über den „Mongolismus" erschienen
war), sondern auch zu den Eltern und vielen anderen
Menschen. Von der in den Schulen waltenden Wärme
und Menschlichkeit fühlten sie sich angezogen, wodurch
sie auch Zugang zu der Gedankenwelt fanden, die er
vertrat. Denn was Karl König vor allem bewirken wollte,
war eine geistgemäße Einstellung zu den zurückgebliebenen Kindern und Erwachsenen. In der richtigen Voraussicht, daß als Folge unseres menschenwidrigen zivili-
satorischen Betriebs in der Zukunft die Zahl der unvoll-
kommen verkörperten oder früh geschädigten Kinder in
ungeahntem Maße zunehmen würde, wollte er den Menschen die weitverbreitete Abneigung gegen die der Hilfe
so besonders Bedürftigen nehmen, in denen ebenso wie
in den sogenannten „Normalen" ein göttlicher Keim, ein
höheres Wesen lebt, das sich nur durch ein unvollkom-
menes Leibesinstrument nicht ungetrübt kundgibt — so
wie auch der größte Künstler aus einer schlechten oder
zerbrochenen Geige nicht eine reine Musik hervorzaubern
kann. Er wurde nicht müde, seinen Zuhörern ihr falsches
Denken, ihren Egoismus, ihre Bequemlichkeit bewußt zu
machen und ihre Herzenskräfte, ihre Liebe und ihr Mitleid wachzurufen. Bei vielen Eltern erreichte er es, daß
sie ein „wachsendes Gespür bekamen, daß unsere Kinder
uns beschenken, weil sie uns die Gelegenheit geben, uns

161

an ihnen zu bewähren", wie es eine Mutter einmal ausdrückte.

Es lag Karl König aber noch etwas anderes am Herzen,
nämlich die „wahre Aufgabe" der Heilpädagogik zu ver-
künden *, die er „als zeitbedingte Notwendigkeit" zu
einer allgemein menschlichen inneren Haltung erweitert
wissen wollte, angesichts der immer nackter hervortreten-
den Bedrohung des „Menschen". Daher forderte er, daß
die heilpädagogische Haltung in jeder sozialen Arbeit, in
der Seelsorge, in der Pflege der Alten, der geistig und
körperlich Behinderten, der vom Schicksal Geschlagenen,
der Verzweifelten und Gefährdeten zum Ausdruck kommen solle. „Das ist die einzige Antwort, die wir heute
— sofern wir noch Menschen sein wollen — einer am Abgrund tanzenden Menschheit entgegenstellen können.
Keine Philosophenkongresse ... keine internationalen Tagungen und wissenschaftlichen Monsterveranstaltungen
werden an diesem Totentanz etwas ändern ... Nur die
Hilfe von Mensch zu Mensch — die Begegnung von Ich
mit Ich — das Gewahrwerden der anderen Individualität,
ohne des Nächsten Bekenntnis, Weltanschauung und politische Bindung zu erfragen — sondern einfach das Aug-
in-Auge-Blicken zweier Persönlichkeiten schafft jene
Heilpädagogik, die der Bedrohung des innersten Menschseins heilend entgegentritt." „Dazu muß aber" — so fährt
Karl König fort — „jeder, der in diesem Sinne ein Hei-

* „Vom Sinn und Wert der heilpädagogischen Arbeit". Cam-
phill-Brief 1965.

lender sein will, sich nicht nur als überlegen Führender erkennen, der den anderen be-urteilt und der allzu leicht den Stärkeren hervorkehrt. Die wahre heilpädagogische Haltung, die jeder Helfende in sich erzeugen sollte, „kommt erst dort zustande, wo eine neue Demut im Herzen zu wachsen beginnt, die in allem, was Menschenantlitz trägt, den Bruder sieht" und erkennt, daß er nur dann im wahren Sinne helfen kann, wenn er gewillt ist „im Bruder den Helfer und in mir selber den Hilfe-Empfangenden zu erblicken". Heilpädagogik ist also in der Sicht Karl Königs nicht nur eine werdende Wissenschaft, nicht nur eine praktische Kunst, die man üben und erlernen kann, sondern in einem umfassenden Sinne ist sie eine menschliche Haltung und Gesinnung. „Als solche aber kann sie gleich einer heilenden Arznei denen gereicht werden, die unter der alles zermalmenden Bedrohung der menschlichen Person stehen. Das aber ist das Schicksal eines jeden Menschen von heute. Ihm zu widerstreben, zu helfen und Hilfe zu empfangen, ist Sinn und Wert heilpädagogischen Tuns."

Das Ideal dieser inneren Haltung, das sich in einer tiefen christlichen Religiosität gründet, ist wohl das Geheimnis, auf dem die weltweite Wirkung Camphills auf drei Kontinenten beruht.

Aber auch die im Lauf der Zeit entstandenen Dorfgemeinschaften für erwachsene Behinderte sind es, von denen so viel Anziehungskraft ausgeht, daß sie von Besuchern aller Art überlaufen werden. Diese Gründungen wurden in der Mitte der fünfziger Jahre notwendig, weil viele der in den ersten Schulen erzogenen Kinder herangewachsen waren. Von ihnen konnte nur eine gewisse Anzahl einen Beruf ausüben, die übrigen bedurften — angesichts der Verständnislosigkeit der heutigen Gesellschaft — weiterhin einer schützenden Hülle, die ihnen das Elternhaus nicht immer geben konnte. Nachdem die erste Dorfgemeinschaft in Yorkshire unter unendlichen Mühen und Opfern ihre Bewährungsprobe bestanden hatte, wuchsen nach diesem Modell überall in der Welt ähnliche Dörfer herauf, in denen die „Dörfler" mit einem Elternpaar in kleineren Hausgemeinschaften zusammenleben und tagsüber in Werkstätten, in der Landwirtschaft oder im Haushalt arbeiten. Denn nach Karl Königs Erfahrungen braucht jeder Mensch — und in erhöhtem Maße jeder behinderte Mensch — drei Dinge, um in vollem Sinne sein Menschsein gewinnen und ausleben zu können. Er braucht einen Familienverband, in dem er ruhig, harmonisch und geborgen leben kann. Er muß etwas arbeiten dürfen, was nicht nur eine „Beschäftigung" ist, sondern für andere Menschen einen Wert besitzt. Und als Drittes braucht er einen größeren sozialen Umkreis, in dem er sich auswirken kann und als Mensch anerkannt ist. Und so hat es sich als fruchtbar erwiesen, daß man innerhalb dieser Gemeinschaften den Dörflern möglichst viel Initiative und Verantwortung überläßt. Sie führen zwar dort ein äußerlich etwas abgeschiedenes Leben, aber der tägliche Ablauf der Arbeit wird durch Be-

suche aus aller Welt und durch vielseitige kulturelle Bestrebungen, durch bewußte Festgestaltung, Vorträge,
Theaterspielen, Musizieren, Ausflüge und Naturstudien
belebt und zu freier Weltoffenheit erweitert. Auf diese
Weise erlangen die in der Welt verachteten Außenseiter
eine erstaunliche geistige Beweglichkeit, eine steigende
Intelligenz und eine menschliche Reife. Es zeichnet sich
in diesen Versuchen eines gemeinschaftlichen Lebens etwas ab, was in der wachsenden Ratlosigkeit unserer Le-
bensgestaltung noch große Möglichkeiten in sich birgt,
wenn man das dafür erforderliche Umdenken vollziehen
will.

*

Es war für Karl König eine tiefe Lebenserfüllung, als
er nach der langen, schmerzlich empfundenen Verban-
nung Ende der fünfziger Jahre wieder in Deutschland
Fuß fassen konnte. Oberhalb des Bodensees entstanden
zwei Heimschulen für spastisch gelähmte und zuletzt eine
Schule für kontaktgestörte (autistische) Kinder. Die letzte
Gründung, die er noch selbst einweihen konnte, war die
Dorfgemeinschaft Lehenhof über dem Deggenhauser Tal
(Kreis Markdorf). In der Rede, die er damals hielt, sprach
Dr. König von dem „stillen Strom, der neben dem kämp-
fenden, schaffenden und zeugenden Strom der äußeren Ta-
ten mehr im Verborgenen fließt, deren Vertreter in der
Hingabe an Gott die Taten des Opfers und der mensch-
lichen Hilfe vollziehen. Er nannte die irischen Mönche,

165

die einst in dieser Gegend ihren Segen verbreiteten, er nannte Oberlin, Matthias Claudius, Jakob Böhme, Justinus Kerner, Jung-Stilling und manche andere. In diesen Strom von verinnerlicht lebenden Menschen fügte er die auf dem Lehenhof Arbeitenden ein, und er wies auf die Menschlichkeit hin, die in den jungen Behinderten oft deutlicher zu spüren sei, als in den Leistungsmenschen der Gegenwart. „Denn es ist ja so, daß die, die wir als die Letzten betrachten, im Grunde genommen diejenigen sind, die die Ersten werden." Und er begrüßte das überwältigende Interesse der vielen Besucher, weil mancher von hier einen Samen der Stille mit sich nehme. „Und dadurch wird die Welt für ihn anders."

Für unzählige Menschen, die im Laufe der Jahrzehnte auf irgendeine Weise mit Karl König oder mit seinen Schulen in Berührung kamen, ist die Welt anders geworden. Eine große Welle der Verwandlung ist von dem Leben dieses Mannes ausgegangen. Er besaß die seltene Gabe, jeden Menschen, der ihm gegenübertrat, so lebendig anzusprechen, daß ihm etwas von seinem Lebensauftrag bewußt wurde und auch er „anders" wurde. Karl König hat sich nach dem Schicksalsschlag, der ihn traf, nicht in Groll und Bitterkeit zurückgezogen, sondern ihn in Taten der Erkenntnis und der Liebe verwandelt. Seine großen Erfolge als Arzt und Heilpädagoge beruhten auf der Fähigkeit eines Künstlers, ganz mit seinem Objekt zu verschmelzen, so daß er aus diesem intuitiven Erfassen einer Gesamtpersönlichkeit, die vor ihm stand, ihre gei-

stige Struktur mit ihren Schäden erkennen konnte und damit schon wußte, wie zu helfen sei. Es war das gleiche
künstlerische Element, aus dem auch seine biographischen
Studien entstanden, die innerhalb seiner schriftstelleri-
schen Tätigkeit einen besonderen Höhepunkt bedeuten.

Als er am 27. März 1966 im Überlinger Krankenhaus
seinem schweren Herzleiden erlag, waren es 27 heilpädagogische Zentren in Schottland, England, Irland, Holland, Deutschland, Schweiz, USA und Südafrika, in denen die Arbeit nach seinen Intentionen weiterging und
heute noch weitergeht. Die Summe von Sorgen und här-
tester Arbeit, die vielen Erfüllungen und Rückschläge, die
Anfeindungen und helfenden Liebesströme, die hinter
solchen Zahlen stehen, kennen nur die Beteiligten selber.
Die Tatsache, daß Karl König in der Zeit des mächtig
vordringenden Materialismus in unerschütterlichem Vertrauen „auf die immer gegenwärtige Hilfe der geistigen
Welt (Rudolf Steiner) das Not-Wendende tat, daß er
bis zum letzten Augenblick seinen Geist-Willen wie ein
Bollwerk diesen anstürmenden Mächten entgegenstemmte,
das erfüllte jeden, der es erlebte, mit Bewunderung und
Dankbarkeit. So weitgespannt daneben noch seine Tätigkeit als Vortragender und Schriftsteller, so umfassend
sein Wissen und Können auf vielen Gebieten war, so
scheinen seine sozialen Konzeptionen am meisten Zu-
künftiges in sich zu schließen. Sein innerstes Streben aber
läßt sich doch in den schlichten Begriff einer Nachfolge
Christi zusammenfassen. Ihm wollte er auf seinem neuen

167

Offenbarungsweg in unserer Zeit dienen, indem er das Wort erfüllte: „Was ihr einem der geringsten Meiner Brüder getan habt, das habt ihr Mir getan."

＊

Betrachten wir noch einmal im Rückblick den Gang der Bilderreihe von Bettina v. Arnim bis zu Karl König, so wird man in der Folge der dargestellten Persönlichkeiten den Gang vom Einzelnen zur Gemeinschaft erkennen. Denn Bettina war noch der originale Einzelmensch, die kraftvolle, geniale Individualität, die allein gegen eine Welt durchsetzte, was sie als notwendig erkannt hatte. Je mehr wir uns der Gegenwart nähern, um so mehr sehen wir — von der keimhaften Ich-Du-Beziehung ausgehend — kleinere oder größere Gemeinschaften oder „Teams" entstehen, bis wir am Ende zur „Bewegung" kommen, die aus einer geistig begründeten Gemeinschaft herauswächst. Karl König erkannte, daß es heute „an der Zeit" ist, Gemeinschaften zu bilden, wie es das prophetische Wort aus Goethes „Märchen" verkündete: „Ein Einzelner hilft nicht, sondern wer sich mit vielen zur rechten Stunde vereinigt."

Bildnachweis: Bettina von Arnim, Walther Rathenau, Anne Sullivan: Staatsbibliothek Berlin. Käthe Kollwitz: Keystone. Karl Thylmann: Dr. Andreas Thylmann. Elséard Bouffier: Jean Giono. Thomas A. Dooley: Erica Anderson. David Wilkerson: Leuchter-Verlag. Birgitta Wolf: B. Wolf. Karl König: Archiv Camphill.